天地西藏

孤寂阿里

—— 邱常梵 著

天寬地濶心自在

自序

　　曾經請藏族友人和去過阿里的親朋好友用兩個字形容阿里，結果收到的回覆大同小異——孤寂，荒野，絕美，荒涼，野境，孤絕，震撼……。

　　從這些字眼，就算你從沒去過阿里，也可以勾勒出一個粗略的印象。

　　2000 年我首次隨旅行團由青藏公路入藏，驚鴻一瞥，從此對西藏再也無法割捨，西藏成為我心中終極嚮往的佛國天堂。

　　2004 年我離開職場，隔年憑著一張大陸駕駛證代替身分證，以背包客方式獨行大西藏將近兩個月，走過雲南迪慶藏族自治州、西藏自治區及四川甘孜藏族自治州。因緣相續，同年 9 月起於拉薩西藏大學遊學十個月，

度過了雪域的四季。

之後，我每年避開旅遊旺季入藏兩回，一個人或搭車或徒步四處趴趴走，在不同季節走過滇藏公路、川藏公路、青藏公路、中尼公路，更參訪了不少佛教的修行聖地，唯獨阿里一直失之交臂。

西藏全區平均人口密度每平方公里只有兩人，其中幅員最廣濶、擁有獨特高原風貌的阿里，是全西藏生活條件最差的地區，海拔高，氣候寒冷乾燥，別稱「世界屋脊上的屋脊」，它是全世界人口密度最小的地區之一。由於位在喜馬拉雅山脈、岡底斯山脈、崑崙山脈、唐古拉山脈匯聚處，被稱為「萬山之祖」；加上是雅魯藏布江、印度河、恆河的發源地，又被稱為「百川之源」。

整個西藏自治區分為拉薩市、日喀則市、林芝地區、山南地區、那曲地區、昌都地區和阿里地區等六大行政區塊，背包客口中的阿里，不局限於行政區的阿里，而是廣泛地包括那曲地區，也就是羌塘（藏語，指北方草原）和青海可可西里無人區南緣。所謂「阿里行」，通常以西藏首府拉薩為起點，西行順時鐘方向經過日喀則市、阿里地區、那曲地區，終點再回到拉薩。（參閱第八頁地圖）

走一趟阿里，傳統路線安排分為南線和北線，北線又分為大北線和小

北線。南線主要沿 219 國道新藏公路（新疆到西藏），通常從拉薩出發，抵達阿里地區首府獅泉河鎮後，原路返回拉薩，全程柏油路；大北線係先走南線到獅泉河後，接走 301 省道到那曲，大部分都是土石路，有許多岔路，沿途可見壯麗荒原及野生動物；小北線前半段和大北線相同，但從改則縣轉往南，走 206 省道，接回新藏公路，返回日喀則。

此外，還有一條背包客偏愛的中北線，會經過很多特色湖泊，有「多湖區」之稱，人煙稀少，野生動物眾多，路況很差，容易迷路，是最荒涼最艱辛的一條路線，但同時也充滿最不可抗拒的誘惑。

2008 年 3 月拉薩因靜坐抗議演變成動亂事件，從此，當局對外賓（包括臺灣人）管制趨嚴，規定全程需請地陪（導遊），處處設立崗哨檢查相關證件，臺灣散客再也無法一人自由行走。面對西藏局勢的每況愈下，我加緊策畫阿里行。

2010 年終於成行，和朋友共七人租兩部吉普車，在藏族導遊陪同下，走了一趟「阿里中北線＋珠峰」二十三天行程，包括徒步外轉神山岡仁波齊兩天。

阿里大部分都是無人區，藏族師傅（即司機，大陸慣稱師傅）總愛開玩笑：「在阿里無人區，就算閉著眼睛開車也不用擔心會撞到人，因為除

了野生動物，根本沒有人。」

　　未去阿里之前，聽到師傅這樣形容，除了哈哈大笑，沒特別感受，直到自己實際走過，才深刻體會到阿里的壯濶與寂寥。

　　二十三天的行程裡，看到了預期中的大山大水、神山聖湖、古格王國遺址、象雄文化以及豐富的野生動物；經歷了各種意外狀況，包括爆胎換胎、水箱破裂、車輛陷入泥沙、螺絲鬆脫、變速檔出問題、在無人區迷路……；曾清晨 5 點就出發趕路，也曾夜行到 10 點半才抵達目的地（因此看到了壯麗的荒原落日）；氣候多變，經歷了豔陽、細雨、冰雹、小雪、大風雨……。

　　2015 年 6 月二度前往阿里地區轉山，雖然大部分行程和 2010 年第一回前往時重疊，但最後因故未走羌塘和可可西里無人區南緣，只走了阿里南線，不過收穫一樣豐富，感受更加清明，或許是因為這些年來隨西藏上師次第修學，自己的愚癡和無明減少了一些吧！

　　兩回行走阿里及轉山，絕無僅有的生命經驗，天寬地闊心自在，而只要心自在，時時、處處、事事、物物皆修行！

目錄

轉山地圖

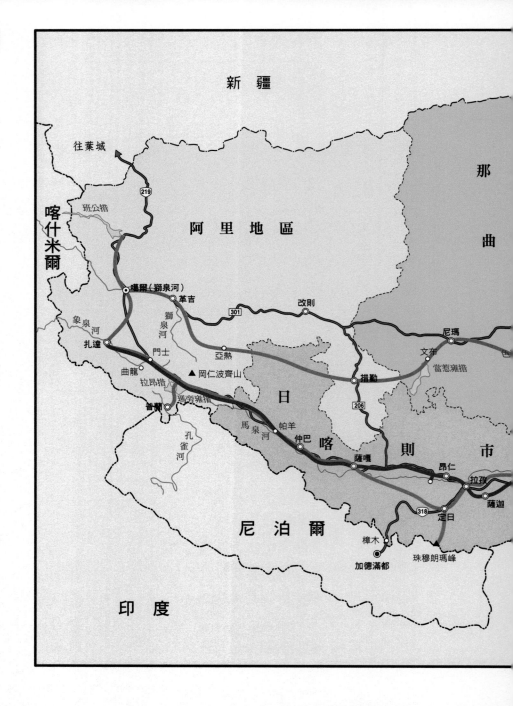

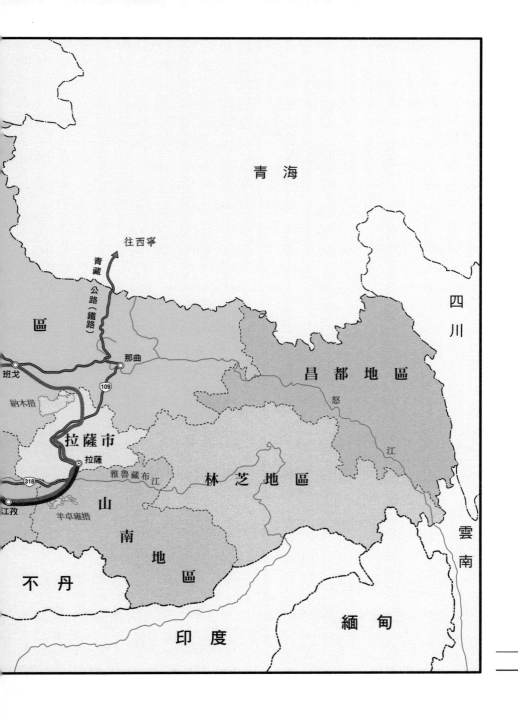

青 海

四 川

往西寧

青藏公路（鐵路）

區

班戈

109

那曲

納木措

昌 都 地 區

怒

拉薩市

拉薩

江

雲 南

雅魯藏布江

林 芝 地 區

318

江孜

山

羊卓雍措

南

地

區

不 丹

印 度

緬 甸

2010 年路線

2015 年路線

2014 的魔咒

前奏曲

2010 年首度走阿里，並順利外轉岡仁波齊神山後，藏族朋友提醒我：「2014 馬年是岡仁波齊神山的本命年，一定要再來轉山喔！本命年外轉一圈的功德等於轉十三圈，圓滿了十三圈後，才能去轉內轉！」

之後，每年入藏，一次又一次被藏族朋友提醒：2014 神山本命年一定要來轉山！2014 神山本命年一定要來轉山！2014 轉山，2014 轉山，這四個數字像魔咒一樣，深深烙印在心中。

擔心馬年殊勝神變月（藏曆 4 月）轉山人潮洶湧，交通工具及食宿會有問題，我在 2014 年初即展開和拉薩方面的聯繫，談好行程及費用，付

了訂金，稍微寬心，但心中深處仍隱約有一些不安，多年來行走西藏的經驗告訴我：在西藏沒有什麼是可以百分百確定的，前一秒鐘才談妥的事，下一秒鐘就有可能翻案，根本不需任何理由。

我的擔心不幸應驗了，4 月上旬傳出消息：「由於政府管理原因，拉薩邊防大隊自 2014 年 4 月 24 日零時起到 8 月 31 日止，不對外辦理去阿里的邊境通行證。」

不久，官方正式發布公告：

尊敬的各位遊客：由於今年恰逢十二年一度的阿里「塔欽」宗教活動，因此前往阿里地區朝拜的信教群眾人數將會激增。為盡量滿足廣大信教群眾的朝拜意願，同時鑒於目前阿里地區，特別是塔欽鎮住宿接待容量較小、設施較差的情況，即日起前往阿里地區旅遊的持區外身分證國內散客（包括港、澳散客）將實行指定接待社就地組團制度。

同時指定五家旅行社接待中國內地散客；兩家旅行社接待港、澳散客。

　　公告中隻字未提臺灣散客，擺明就是臺灣散客無法前往阿里。於是，我們從原訂 6 月轉山往後延，到了 8 月初，消息傳出已開始接受臺灣散客遞交資料辦證，心中萌生希望，沒想到，西藏 318 國道 8 月 9 日及 18 日先後發生兩宗大巴車禍，造成四十多人死亡，二十多人受傷。西藏旅遊局發出通告，旅行團只能以中巴載客，並限速行駛，以策安全。

　　這兩項規定使得中巴車因數量有限，嚴重搶手，擴延至越野車也被哄抬價錢，加上時速限制 40 公里，使得相同的行程，車時延長，師傅和導遊的工時也延長，搞得整個西藏旅遊市場人仰馬翻。

　　我們的證件還是辦不出來，延後到 9 月也一樣，代辦的拉薩旅行社建議再延後，他們認為 10 月辦證成功的機率很高，但我擔心 10 月岡仁波齊山已開始下雪，四位隊員中除了我，其他三人都沒有雪地登山經驗，萬一遇到大雪，又身處五千多公尺的高海拔，安全堪虞，只好取消合約。

　　事後發現公告不核發阿里邊境通行證的期間，關係良好的臺灣旅行團照常出團，照常轉山，倒楣的只有像我一樣不想參加「天價」旅行團，卻又沒關係、沒勢力的背包族散客。

　　2014 年發生的這些更迭起伏，在佛法中稱為「違緣」，最終，馬年轉神山的心願落空，唯一收穫就是增強了自己對佛法的體悟，以佛法「無

常」、「緣起性空」觀待，既然馬年和神山無緣，就平靜地接受，等待
2015 年新機緣的來臨。

　　2015 年初，一切從頭開始，另找了幾家旅行社，經過一番來來往往
費心聯絡、比價、接洽，就在塵埃落定時，4 月下旬發生尼泊爾大地震，
西藏境內部分旅遊路線被封，同時當局宣布：豐田 4500 越野車（走阿里
大北線的主要交通工具）正式報廢。

　　一時之間沒有適當及便宜的車輛代替，我們原先規畫的行程不得不
改成路況較佳、商務車可走的阿里南線，心中感到遺憾，但我們最主要的
目標是「轉山」，只要轉山不受影響，其他也就隨順因緣。

　　2015 年 5 月 15 日啟程號終於吹響，順利拿到「臺灣同胞進藏批准函」
及不同機關單位核發的各式批函，歡喜之餘，靜心想一想，2014 年轉山未
成，應也是佛菩薩的安排，今年四位隊員的組合很奇妙，兩位藏傳佛教徒，
一位漢傳佛教徒，一位佛、道並修的師兄，三人都是因看我的書而和我結
緣，我們決定克服不便，全程吃素，這個緣起我覺得非常善妙。

拉薩市

ལྷ་ས།

西藏自治區首府，海拔 3650 公尺，有一千三百年
歷史，拉薩河貫穿市區，在南郊注入雅魯藏布江。
西藏自治區人口有一半都集中在此，其中藏族約占
四分之三，其餘均是內地移民。市中心地勢平坦，
氣候相對溫和，每年有一百多天豔陽普照，因此被
稱為「日光城」。由於供奉釋迦牟尼十二歲等身佛
的大昭寺以及歷代達賴喇嘛駐錫的布達拉宮都位於
市中心，被藏民視為聖城。

花雨彩虹共舞

　　26 日清早從成都搭機飛抵拉薩，住進「酷犛牛賓館」，一進門就看到挑高的中庭有一幅蓮花生大師的唐卡從三樓垂掛下來，這家鬧中取靜的四層樓賓館由藏人經營，位於藏醫院路光明甜茶館旁邊巷內，出門只要走幾百公尺就到大昭寺，無論清晨或深夜都很方便前往轉大昭寺。

　　傍晚，爬上賓館頂樓欣賞拉薩黃昏，不遠處的布達拉宮上方，烏雲層層疊疊，太陽有氣無力地灑落，我拍下剪影，然後靜靜地望著呈現黑白魅惑的布達拉宮，心中生起幾分感傷。

　　從 2000 年初見布達拉宮，已經十五年過去了，布達拉宮外觀變新，

賓館中庭從三樓垂掛而下的蓮花生大師大唐卡。

四周環境整頓得整齊美觀，這些變化是無法避免的所謂「現代化」，但我的感傷不是因為這些，而是那些看不見的、深入骨髓、日趨嚴苛的宗教箝制。

記得 2014 年 9 月，在確認相關證件申請未通過，我肯定會和十二年才一次的神山本命年失之交臂後，難過地打電話通知拉薩藏族朋友，告訴他們：「延了又延，證件還是申請不下來，我今年不能去阿里轉山了，也不能來看你們了。」說到後面我有點泫然欲泣，然後，只聽到朋友的聲音輕輕地從電話那頭傳過來：「我們也是，到現在都申請不到邊境通行證＊。」

「啊！」瞬間我愣住不知如何接話，從朋友平淡的語氣中分辨不出絲毫的喜怒哀樂（因為需避免電話被監聽招來無端之禍），但我清楚知道：他的心在流淚！在泣血！

掛掉電話，我止不住兩串淚水奔流而下，不是為自己無法在馬年去阿里轉神山，而是為了命運多舛的西藏人。

＊ 中國政府針對邊境地區劃定了「邊境管理區」，居住在區內的公民憑身分證通行；非居住在該區內的公民則需持身分證加「邊境通行證」才能前往。從拉薩到神山需經過日喀則市的薩嘎縣、仲巴縣和阿里地區的普蘭縣，三縣都被劃為邊境管理區。

布達拉宮呈現黑白魅惑。

　　這到底是哪門子道理啊？藏人在自己的土地上，連只是單純的想去轉神山，都受盡有關當局刁難，困難重重。

　　想起有位藏人曾對我說：「布達拉宮已經不是我們藏人的布達拉宮了，而是你們遊客的布達拉宮。」

眼前這烏雲密布的布達拉宮，愈看愈引我難過，唉，不看也罷！

轉身看向大昭寺方向，陽光普照，大昭寺的金頂熠熠生輝，遠方拉薩河對岸的寶瓶山雖然在陰影裡，仍然歷歷在目。我深吸一口氣，依稀聞到從八廓街煨桑台飄來的香味，那是燃燒各類扁柏、小葉杜鵑、艾蒿、青松散發的清香！

心情好轉些，突然，天空飄起小雨，與太陽並存，我興奮地告訴一旁忙著拍照的伙伴：「出太陽同時下雨是非常吉祥的象徵喔，藏語叫『梅朵恰巴』，意思是『花雨』，也就是平常說的『太陽雨』。」

大家聽了，不約而同低呼：「哇……那我們好幸運吔！」

「我上師還說，出現梅朵恰巴時若同時有彩虹出現，那就是最大最大的吉祥象徵……。」

話還沒說完，站在我正對面的玉如面露驚喜，指著我後面天空大叫：「彩虹！彩虹！」聲音中滿溢興奮。我回頭一看，真的是彩虹，而且是兩道，一強一弱，強的是「虹」，弱的是「霓」。

抵達拉薩第一天，就遇見這難得一見的殊勝景觀，驚豔之際，心中漲滿難以言喻的感覺。再望向布達拉宮，原本烏雲籠罩，此時已清朗了些，心中默禱：但願西藏的未來也有機會撥雲見日！

從賓館頂樓望去，大昭寺金頂熠熠生輝，遠方寶瓶山也歷歷在目。

轉八廓街隨想曲

　　按照以往經驗，在海拔 3650 公尺的拉薩停留三天，身體便可自我調整適應高原。這三天，隊員各自行動。

　　抵達拉薩第一天，宣林高原反應嚴重，吃了藥仍然多次嘔吐，全身痠軟無力。我的高原反應則一如往常，每回進藏，在完全不吃藥的前提下，就是頭痛，大約三天可以適應。以往到了深夜，因為入睡後呼吸變淺，吸進的氧氣量也變少，頭痛會加劇，總是在半夜痛醒，但只要打坐就能舒緩。這回很幸運，第一晚深夜頭痛也很輕微，不需起身打坐，只是思緒紛亂，不斷做夢，無法熟睡。

　　第二天清晨，我獨自前往大昭寺轉八廓街，高反依舊，頭部左側隱隱作痛，醫學研究說人的體內大約有六十兆個細胞，各司不同職務，以維持身體運作，我想，痛應該是一種訊息吧，表示我體內細胞正在努力適應高原新環境，只要給他們充裕時間，不要急，自然會否極泰來。

　　何況只要不致命，「痛」也沒有什麼不好，反而讓人清楚覺察到頭的存在，平日當身體健康正常時，我們會視為理所當然，完全疏忽各部位的存在，只有當某部位發生病痛，才會注意到他們一直存在那裡。例如腳痛時，才醒悟平日雙腳默默地支撐我們身體走了多少路，例如手痛時，才警覺平日雙手為我們做了多少事，這時會特別生起感恩的心。

　　走過藏醫院路，以前散客前往山南桑耶寺及昌珠寺朝聖的大巴車售票亭，已改成公安崗哨，名為「便民警務站」，行監督之實。

　　藏曆４月（神變月）在大昭寺前面青石板行大禮拜的人很多，轉八廓街的人潮更是絡繹不絕，人人手持酥油、供佛鮮花、佛珠、煨桑用樹枝材料等，但因兩旁販賣西藏飾品文物的攤位全搬遷了，店面招牌及路燈重新規畫，整齊劃一，相較之下，街道顯得有點空曠，全無昔日摩肩擦踵的熱鬧氣氛。

　　都市計畫，為了市容把民俗小攤位集中到商業大樓裡，到底是好還

藏曆 4 月清晨，在大昭寺前面青石板作大禮拜的藏民，此起彼落。

朝陽初升，就有不少藏民趕早環繞著大昭寺轉八廓街。

是不好呢？至少我個人不喜歡。記得有一年進藏，隊員隨我前往藏族友人家喝酥油茶，其中一人好奇地問友人：「拉薩一年比一年進步，你們有什麼看法？」藏族友人微微一笑：「你們覺得是進步嗎？在我們看來是退步。」沒錯，每年入藏，我都驚見藏式舊社區被拆了，取而代之的是大型百貨公司、國際連鎖五星飯店、美甲店、整容中心、摩天輪遊樂場等，就西藏文化及宗教佛法的角度來看，正是退步的另一象徵。

走到「瑪尼拉康」（藏人對設有大轉經筒佛殿的稱呼），幾乎每個轉八廓街的藏民都會入內轉大經筒，少則三圈、七圈，多則無數圈。

瑪尼拉康外牆懸掛著一個藏漢文匾額，寫著「敏珠林寺藏香」及「國家級非物質文化遺產」。正門前方有一座煨桑台，煙香繚繞，人潮擁擠。這座小拉康屬於寧瑪派敏珠林寺（位於山南地區），殿內牆上有小佛龕供奉小佛像及酥油燈，加上中央那座巨大的轉經筒，剩餘空間狹小，連兩個人要錯身而過都很擁擠，幸而藏民都遵守順時針方向移動，即使裡面滿滿人潮，動線還算流暢。

入內隨藏民一起轉瑪尼輪時，看到牆上貼滿法照，包括大昭寺的釋迦牟尼十二歲等身佛、敦珠法王、寧瑪派上一世貝諾法王及轉世的揚西仁波切小朱古*，還有幾位是我不認得的祖師大德。赫然，其中一幅法

照是我非常熟悉的人物,啊,那不是西夏堪布*嗎?

2005年我獨行藏地時,認識西夏堪布,那時他擔任敏珠林佛學院校長,當時剛接觸藏傳佛教的我,懵懵懂懂,很多規矩還搞不清楚,託堪布之福,在敏珠林寺受盡招待,直到看見堪布端坐大法座主持法會及灌頂時,才知道他地位之尊崇,回想我前一天要充電找不到插座,堪布還在每間屋舍牆角彎身幫忙尋找,我這菜鳥真是有眼不識泰山!

瑪尼拉康斜對面,有棟建築以前是藏式傳統大院,如今成為「清政府駐藏大臣衙門」,據說,清朝政府曾在這裡成立首座駐藏大臣衙門,供駐藏大臣辦公和居住,舊有的藏式大院於2013年進行修繕工程。

2013年7月我入藏參加雪頓節,轉八廓街時,看到昔日藏式大院消失了,變成嶄新的陳列館,不免有點感傷。當時好奇地走進去,牆上大看板簡介「西藏自古以來就是中國不可分割的領土……」,而官方資料也開宗明義這個陳列館最初設定的修繕目標就是要做為「西藏愛國主義」和「民族團結教育」的基地。

太陽下山後,我坐在大昭寺前,背倚著酥油燈房持咒。夜幕籠罩,

---

* 朱古係藏語,意指「化身」。

* 寧瑪派的勘布指精通經、律、論三藏等顯、密教義的教授。

敏珠林寺瑪尼拉康門前的
煨桑台，煙香繚繞。

站在大昭寺頂俯瞰，人潮
中著紅色僧袍的身影寥寥
無幾，再不見以往紅袍如
織，密密麻麻的景象。

一輪明月上升，寺前的青石板還有不少藏民在大禮拜。十年來什麼都在變，我很想說：「唯一不變的只有藏民對佛法那份虔誠的心。」但捫心自問，或許也不能這麼說，因為我熟識的中、老年藏族朋友，都在擔心：因為政策，因為經濟，因為生存競爭，使得藏族年輕人不得不優先學習漢語文，不知不覺中，愈來愈漢化，也離自己的文化愈來愈遠了。

就像拉薩朋友寄給我的微信：「當藏文變成外語的時候；當母語需要翻譯的時候；當藏服變成壓箱底的時候；當佛珠變成首飾的時候；當寺廟變成景點的時候；當佛經變成擺設的時候；當活佛變成老闆的時候；當經文變成歌曲的時候……，咱們還拿什麼來炫耀咱們的文化和信仰？」

回想出發前一陣子，正忙著整理上師開示的書稿《虛幻休息論》，內容講一切萬法顯而無自性，針對顯而無自性，以如幻、如夢、如眼花、如陽焰、如水月、如空谷回音、如食香城、如變化等八個比喻來開示，令我感受深切。眼前當下，如幻八喻再度飄浮在夜空。

自從 1950 年中共進入藏東，1959 年，數萬藏人追隨達賴喇嘛越過喜瑪拉雅山流亡印度，至今半個多世紀過去了，隨著旅遊業的全面發展，拉薩看似繁榮，其實以佛法看來也都只是一種幻象。

1.

拉薩待了三天後，包車前進阿里，之間需經過日喀則市，從拉薩去日喀則有南、北二路，北路是新路，南路是舊路，里程較遠且大多是山路，但由於會經過羊卓雍措、卡惹拉冰川、白居寺、江孜城堡等名勝，大多數人都走南路。圖為從拉薩河遠眺藥王山和布達拉宮。

2.

在離拉薩大約 20 公里處，路旁有座西藏最大的摩崖石刻像「聶當大佛」，又稱「大菩薩」，高約 10 公尺，傳說是 11 世紀阿底峽大師所雕刻。這座釋迦牟尼佛神態輕鬆，沒有繁複裝飾，鮮亮的色彩散發出歡喜的氛圍，紅紅的嘴角略微上揚，有如一尊開心佛，以微笑祝福來往眾生。

3.

過曲水大橋後，我們右轉往日喀則，公路沿著風光明朗的雅魯藏布江左岸迤邐，這條被藏人稱為「母親河」和「搖籃」的西藏最長河流，源自阿里，一路東流，於墨脫大拐彎，向南流經印度、孟加拉，全長近 3000 公里。

1.

離開雅魯藏布江寬廣的河谷後，公路呈之字型不斷攀升。

2.

公路翻越海拔 5030 公尺的岡巴拉山口後，西藏三大聖湖之一的羊卓雍措（一般簡稱羊湖）現身了。在藍絲絨天空的映照下，這鑲嵌在群山中，蜿蜒一百多公里的羊湖，宛如碧玉，被藏人稱為「天女散落的綠松石耳墜」。

公路從岡巴拉山口往下盤繞後，有段很長的沿湖公路，可由小徑走到湖邊，湖面微波輕盈，
白色的沙石將湖水畫出一道美麗的圓弧線；遠方積雪山峰是海拔 7191 公尺的寧金抗沙峰。

前後來過羊湖六回，不同的季節和天候，羊湖的容顏也不相同；初秋時分，色彩流動最
豐富。

日 喀 則 市

གཞིས་ཀ་རྩེ།

日喀則市位於拉薩以西二百七十多公里，年楚河和
雅魯藏布江匯合處，是西藏第二大城市。7 世紀，
松贊干布統一西藏後，以岡巴拉山為界，山以東稱
「衛區」，又稱前藏，山以西稱「藏區」，又稱後藏，
日喀則位於後藏，也是歷代班禪喇嘛的駐錫地。

1.

離江孜縣城 72 公里的卡惹拉冰川，位在公路旁，屬寧金抗沙峰冰川向南漂移後形成的懸冰川，由於長年受來往車輛塵埃侵襲，整體呈黑白分層型態，且受暖化現象影響，冰舌逐年後退。2010 年我來時天候不佳，未作停留。

2.

此次為了省下門票費，我們同意師傅直接開過冰川，直到此處才停車觀賞冰川山體背面，雖然看不到正面，但至少自由自在，恣我們欣賞。這兒還有座瑪尼堆和煨桑台，外圍石板繪滿各種佛菩薩畫像，非常特別。

3.

因限速車子無法開快，加上必須趕在下班前抵達日喀則公安局備案（依規定：外賓每到一城市，需由導遊持相關證件前往公安局報到），路過江孜時，沒有足夠時間進入白居寺（左）和江孜城堡（右）參觀。

白居寺最大的特色是寺中兼容薩迦派、格魯派、噶當派三個不同教派，另一特色是位在措
欽大殿西側的「吉祥多門塔」，它是白居寺最具魅力的標誌。由於塔內繪有十餘萬佛
像，另有千餘尊泥、銅、金塑佛像，因此又有「十萬佛塔」美譽。十萬佛塔的建築型式是
「塔中寺」，寺廟建在塔中，塔形下大上小，共有九層，一層一層往上繞轉，每層都有許
多小佛殿，其中一至五層每層二十個角，佛殿七十六間。六層是圓形塔腹，七層是方形，
八層是覆缽形，九層是傘蓋，頂部是寶瓶、寶珠。

七層方形塔牆的每一面都繪有雙眼及額頭第三眼，第三眼代表智慧之眼，也代表具備他心通、天眼通等能力，經由日積月累的修行，凡人就有可能開智慧之眼。

江孜古城堡

　　自古以來，江孜不僅是後藏進入前藏首府拉薩的重要門戶，也是西藏往來印度的重要門戶，過了江孜沿年楚河谷往南，再從邊境城市亞東往西越過喜馬拉雅山，便進入印度錫金。

　　只要靠近江孜城，遠遠就能看到矗立在宗山頂的「江孜宗山城堡」，宗山是座小山，藏語稱類似建築為「宗」，有「要塞」的意思，因昔日地方封建領主居住其上，管理下方百姓，因此也成為地方行政單位的代名詞，類似現代「縣」。

　　藏曆火兔年（西元 967 年），吐蕃贊普（國王）的後裔白闊贊認為

「江孜東方的山勢如同嫩枝下垂，南方如同雄獅騰空，西方的年楚河如同白綢漂流，北方如同牧女獻羊奶，特別是年楚河谷平原上大片金色的青稞，從宗山望去如同長方形的金盆」。於是在宗山興建宮殿城堡，統治年楚河流域，城堡取名「傑卡爾孜」，簡稱「傑孜」，意思是「勝利頂峰，王城之頂」，江孜即簡稱的音變。

19 世紀，殖民印度的英國，想跨過喜馬拉雅山進入中亞與中國貿

從宗山下的英雄紀念碑廣場仰望古城堡。

抗英烈士自盡的陡峭懸崖外觀。

易，便設法在 1876 年與清廷簽訂《煙台條約》及 1893 年簽訂《中英藏印續約》，取得進入西藏的權利，但是西藏政府視簽約無效，拒絕英國人進入，並加強邊界防衛以阻止英國人。

1903 年 12 月，英國擔憂俄國勢力先進入西藏，決定再度入侵西藏，不同於 1888 年第一次入侵只到亞東附近，這次派出近萬人武裝部隊入藏，拿下亞東後，持續往北挺進，一路和藏軍交火，運用機槍和大砲屠殺了近千名藏軍，4 月中旬，英軍進入江孜，江孜境內十六歲至六十歲的男丁被西藏政府緊急徵召抗英，還是不敵，退防至宗山城堡。

面對宗山城堡天然堅固的防禦，英軍從印度再調來四千多名援軍、八門大砲及先進的穿甲砲彈。7 月 5 日至 7 日三天，藏軍以土火槍、大刀、弓箭、拋石器等力戰使用槍砲的英軍，死傷慘重，彈盡援絕，最後，除了少數人突圍外，剩下的數百人不願被俘，寧死不屈，全部跳崖自盡，悲壯成仁。

江孜失守後，英軍續往拉薩進攻，一個月後占領拉薩，十三世達賴喇嘛被迫經青海逃往蒙古。英軍在拉薩大肆劫掠，搶走許多珍貴文物和經典，並逼迫西藏噶廈政府簽下屈辱的《拉薩條約》。

從 4 月到 7 月，江孜保衛戰持續了將近一百天，是近代西藏對抗外

國侵略史上規模最大的戰鬥，在這場壯烈的戰役後，江孜有了「英雄城」的稱譽。

2010 年阿里行時，我首度登上古堡，最令我唏噓徘徊的是當年抗英烈士集體跳崖處，崖邊平台立著一塊以藏、中、英文書寫的「跳崖烈士，永垂不朽」石碑，我走到平台邊緣探頭往外望，崎嶇不平的陡峻岩壁光看就令人膽顫心驚，遑論肉體撞擊時撕裂的痛楚。

我閉上眼睛想像當年那最後一刻，經過長期奮戰，殘存的每位藏民想必都已全身傷痕累累，血跡斑斑，在他們決定跳下的瞬間，不知腦中出現什麼畫面？會想起自己的家人嗎？寧死不屈，悲壯的情懷，亡者已矣，留給生者是無邊的悲痛。

而資料載明當時江孜境內十六歲至六十歲的男丁全被西藏政府緊急徵召抗英，那麼，跳崖的烈士中一定也有未滿雙十年華的年輕人，想到這，心中不免難過，那麼年輕的生命，人生最精彩的年華都還沒開展，就因為戰爭而離世。

人皆有一死，或重於泰山，或輕於鴻毛，都是自己的選擇！

站在城堡頂，可以將江孜城及江孜寺十萬佛塔一覽無遺。

交換人生

　　抵日喀則剛好 5 點，先進賓館，導遊向老闆借了一輛摩托車，要趕去公安局備案，臨行丟下一句：「格桑師傅會載你們去參觀扎什倫布寺，要不然明天時間很趕。」我追問：「你沒去，那誰幫我們導覽？」「就你啊，你不是來過嗎？」他笑著騎車匆匆走了，留下我哭笑不得。

　　扎什倫布寺夏季關門時間是晚上 7 點半，本來以為我們吊車尾，沒想到很多旅遊團也是這時進寺參觀。我雖然來過兩回了，但自認還不夠格講解，決定找團「跟班」，四人輪流試聽了不同導遊的解說後，擇定一位口才好、嗓門大、講解詳細的男導遊，隨著他們走，那位導遊看到

扎什倫布寺沿山坡高低錯落，前面是僧舍，後面是寺廟主建築。

隊中多了四位外人，很大方地接納，連我們頻提問題也都不厭其煩回答。

　　扎什倫布寺又稱「吉祥須彌寺」，是日喀則地區規模最大的寺廟，全盛時僧人多達五、六千人，目前約六百多人，與拉薩哲蚌寺、色拉寺、甘丹寺及青海塔爾寺、甘肅拉卜楞寺並列為格魯派六大寺廟。

　　1447 年，宗喀巴大師（創立格魯派）最小的弟子根敦朱巴（後來被追溯為一世達賴喇嘛），在後藏兩位大貴族資助下開始興建扎什倫布寺，歷時十二年才建成。1600 年，四世班禪任住持時，進行了大規模擴建，他也是第一個被冊封的班禪喇嘛，從此，扎什倫布寺成為歷代班禪喇嘛駐錫地，與達賴喇嘛駐錫地布達拉宮一樣，代表西藏人民宗教信仰及精神上的依託處。

　　宏偉的扎什倫布寺，座北朝南，沿山坡高低錯落。後方高處是由強巴佛殿、大經堂和歷代班禪靈塔殿所組成的主要建築群，金頂耀眼，高聳雄偉。前方二或三層、形同藏式民居的平頂樓房是僧舍，一律白牆、黑框木窗和白色布簾，黑色代表威猛的金剛薩埵，可以降伏妖魔邪穢。

　　全區最宏偉的建築是強巴佛殿（彌勒殿）和歷代班禪靈塔殿。強巴佛殿位於寺院西側，是一座樓高 30 公尺的五層佛殿，全由石頭壘砌而成，供奉著九世班禪於 1914 年主持鑄造的鎏金青銅強巴佛（彌勒佛），

一群快樂朝聖的藏族阿嬤。

是扎什倫布寺最吸引人的一尊大佛,也是世界上最大的銅佛坐像,光底部的蓮座就比一個人還高,佛像的一隻中指就長達 1.2 公尺,佛像更高達 22.4 公尺。大陸導遊強調:「光是鑲嵌佛像兩眉,就用了大小鑽石和珍珠約一千四百多顆。」在場每個人聽了都咋舌。

歷代班禪的靈塔殿位於強巴佛殿東側,包括十世靈塔殿、四世靈塔

世界上最大的銅佛坐像就位於這座強巴佛殿（彌勒殿）裡。

殿、五至九世合葬靈塔殿等。其中，四世班禪的靈塔殿，1666 年落成，是扎什倫布寺最早的靈塔殿，由於四世班禪對扎什倫布寺有非凡貢獻，所以靈塔非常壯觀。

　　文革時期，五世至九世班禪的靈塔殿全部被毀，唯獨四世靈塔殿沒事，為什麼呢？導遊指著殿外保留未修復的舊牆壁，要大家仔細看，上面寫了什麼字？我還在努力端詳壁上斑剝脫落的字跡，已經有人喊出聲：「毛主席萬歲！」推測當時有聰明的人，想到這招，在牆壁上先寫

下「毛主席萬歲」標語，紅衛兵看到當然不敢在「太歲爺頭上動土」，因此逃過一劫，被當作糧倉使用。

不過，儘管導遊解說詳細，我腦海卻不斷浮現那樁「雙胞案」。

1989 年十世班禪圓寂，尋找轉世靈童的大事由扎什倫布寺恰札仁波切主持，他將找到的多位條件相符的幼童姓名，送到印度達蘭薩拉西藏流亡政府，1995 年，十四世達賴喇嘛在主持「時輪金剛」大法會的同時，進行了確認儀式，宣布認證出生於藏北那曲縣拉日的格登秋吉尼瑪為轉世的十一世班禪喇嘛。

中國官方獲悉後，宣布恰札仁波切「叛國」洩露國家機密，並且不承認格登秋吉尼瑪的靈童資格，另找了一位同樣 1990 年出生的幼童嘉增諾布，宣布為第十一世班禪喇嘛，在扎什倫布寺舉行陞座大典，然後迎往北京「教育」。

而小靈童格登秋吉尼瑪下落不明，彷彿從人間蒸發，英國廣播公司（BBC）在一篇報導中稱他為「世界上最年輕的政治犯」。在國際輿論壓力下，中國政府於 1996 年向聯合國兒童權利委員會承認格登秋吉尼瑪和家人正受到政府「保護」，但不肯透露他們行蹤，只聲稱是男孩父母要求政府保護。

　　兩個不過六歲的小孩，就這樣交換了人生，從此走上截然不同的生命歷程。

　　2007 年，中國政府再度對外宣稱，格登秋吉尼瑪「正在接受教育，健康成長，他不希望受到任何干擾」，強調他安於自己普通人的身分，政府尊重他的意願，因此不說出他的行蹤。

　　實際上，格登秋吉尼瑪到底如何了？是生是死，無從知道。

　　而我只要看到扎什倫布寺，眼前就會浮現格登秋吉尼瑪唯一的那張幼年照片，不知他現在是否還活著？若已不幸往生，但願諸佛菩薩已引領他往生佛國淨土或已乘願再來！

提著齋飯的三個快樂喇嘛。

位於寺院東北部山坡的展佛台，
高三十多公尺，建於 1468 年，以
長短不等，厚度相同的石塊交錯
砌成，每年藏曆 5 月會展出三世
佛大唐卡，供信徒瞻仰。

相機不見了

　　今日重頭戲是參訪薩迦寺，離開旅館出發約十多分鐘後，彎進往薩迦寺的叉路，開了一會，宣林發現她的小相機不見了，師傅把車停到路旁，讓她仔細找，找了一會還是找不到，會是掉在昨晚住宿的旅館嗎？但早上離開房間時，我檢查過。那難道是掉在吃早餐的小餐館？但當時我和大偉分坐她左右，都沒看到相機。

　　這下大家沒轍了，不知如何是好，要再開車回頭找嗎？一來一往最少要耗一小時多，而且不確定能否找到。

　　就在你看我、我看你不知如何是好時，宣林爽朗說：「大家不用費心了，

掉了就掉了吧，再來我用手機拍，之前的，你們分享給我就行了。」

當下我很佩服宣林，真不愧是資深佛教徒，不瞋不怒不怨天尤人，就只是平靜地接受事實。重新上路，我心中生起一股奇異的感覺，這個小插曲莫非是菩薩故意製造的外境，要來考驗佛教徒對遺失珍貴物品的反應？這事件也讓我想起去年 iPhone 手機被扒的經驗。

去年 8 月入藏，和隊友前往哲蚌寺參加雪頓節，人潮洶湧，四人分成兩組，因早已聽說扒竊猖狂，我特地把小背包反背到胸前，雙手再環抱住外側，以為這樣萬全了，沒想到「道高一尺，魔高一丈」，典禮都還沒開始，我還擠在前胸貼後背的人潮中等候入場，背包就被刀子從接近底部的位置劃破，完全未察覺，直到我想拿手機打電話才發現。

另一組，其中一人擔心被扒，連背包都沒帶，只帶了單眼相機和iPhone 手機，她說前一刻拿 iPhone 拍好，放回口袋，拉鏈拉好，換用大相機，一會後想再拿出 iPhone 拍，卻發現已神不知鬼不覺消失了。

事後我 e-mail 成都好友 Hu 訴說遭竊經過，並自我解嘲：「四人同行兩人被扒，50% 機率，若以持有 iPhone 比率來算，是 100% 機率，呵，我們實在是太幸運了 ^__^」

「哈哈哈，Echo 姐，我該表示同情、憤怒呢？還是該表示祝賀呢？

在這個時間地點被偷，應該會消很大的業吧。」

「你看，這就是學佛人的不同處，發現手機不見後，一開始我也有點難過，旋即如實接受，繼續朝聖活動。但另一位掉手機同伴的情緒就大受影響，完全沒心情繼續行程，非常氣憤，找到公安局報案。」

「以前我丟東西也會氣，現在不會了……。想起一個故事，有家工廠半夜著火了，老闆又急又跳，兒子在旁邊提醒：『老爸，你忘了工廠前兩天已經賣給別人了。』老爸一聽，馬上樂得對兒子說：『回家睡覺！』哈哈哈，一切煩惱皆起自『我的』。」

返臺不久，上師（堪布徹令多傑仁波切）要前往香港弘法，我開車送機，抵機場後，同行兩位師姊陪上師辦登機手續，我去停車，停好車，一打開門，赫然有支手機躺在地上，是和我一模一樣的 iPhone5，心想：老天你是在開我玩笑嗎？前陣子我才掉一支，現在撿到別人的。將心比心，怕遺失者著急，趕緊送到機場警察局招領。

等到和上師及師姊們會合後，我說了這件事，上師聽完後朗朗大笑：「哈哈哈，怨親債主！怨親債主！好了，沒事了。」

我 e-mail 告訴 Hu 這個奇遇，半開玩笑請她也來下個註解，她回覆：「真的有趣哦，我的註解是：做自己該做的，其他的就交給因果決定吧！」

從天未亮等到破曉，上哲蚌寺的山道擠滿參加雪頓節的人潮。（據説其中就有不少從中國各地趕來的扒竊高手，還都搭飛機來，因為偷iPhone 賺很大）

雪頓節最主要的活動「曬大佛」，一年展出一次釋迦牟尼佛大唐卡，供民眾瞻仰及獻供養。

第二敦煌

　　經過新蓋的ㄇ字型牌樓，正中央掛著以藏、中、英文書寫「薩迦古城」的大區額，右側牌樓柱上還有一塊告示牌註明「元朝西藏政教首府」，沒多久抵達薩迦寺，這是西藏四大教派之一薩迦派的祖庭，由於寺內藏有大量珍貴的文物古蹟，以經書、佛像、瓷器、壁畫為主，有「第二敦煌」或「小敦煌」之美稱。

　　寺廟建築分為薩迦南寺和薩迦北寺，分布在仲曲河兩岸。1073 年始建，一開始只有薩迦北寺，規模很小。1268 年再由被元朝中央政府封為「帝師」的八思巴增建南寺，後屢次修建，氣勢愈加宏偉，八思巴統

領西藏後，薩迦北寺成為西藏地方政權所在，開創了西藏政教合一的先例。

　　從停車場往北寺方向望去，後山一片灰土，薩迦寺的命名由此而來，藏語的「薩」是土，「迦」是灰，薩迦寺就是建在灰土上的寺廟。

　　我們主要參觀南寺，南寺基本仿照漢地城池樣式，四周有城牆環繞，寺外有護城河，若從空中鳥瞰，整個建築也像一座壇城。

從停車場望向薩迦北寺。

日喀則地區特有的老人長壽服。

　　走往南寺途中，正在東張西望瀏覽，多吉忽然說：「你們快看！前面那位老人的衣服！」原來那是日喀則一帶特有的「長壽服」，當長者八十歲生日時，家人便會製作長壽服為他祝壽，服裝的背部繡有太陽、月亮的圖案，通常看到穿著長壽服的長者，藏民均十分敬重。

　　要進入寺廟前必須先穿過 16 公尺高，3.5 公尺厚的高聳厚牆，一進去是個大廣場，買好門票，走過一扇特別的鐵環門，右邊是蓮花馬頭明王，左邊是不動金剛，再經過一扇檀木門，才進到內院，正對面便是「大雄寶殿」，殿外立牌寫著：「此原是平時誦

經之處，主供世界無雙釋迦牟尼佛像、鐵環大般若經、慧海經山、世界光明靈塔身語意三所依、遼遠白海螺聞解脫法號……。」

進入殿內，大殿裡無數美侖美奐的佛像排山倒海將人淹沒，歎為觀止之餘，我提出疑問：「這些在文革時都沒被破壞嗎？」為我們導覽的喇嘛解釋：「主要因為這裡的佛像事先被百姓幫忙藏起來了，其次，因為南寺被徵收做為糧倉使用，基本上未受到大破壞，但是北寺就全毀了。」據說全盛時，北寺曾有一百零八幢建築，超過三千名的僧侶。

大殿內琳琅滿目的佛像造型精湛，非常殊勝，不拍照實在可惜，試著詢問喇嘛能否拍照？當得知只要另付攝影費 50 人民幣，不使用閃光燈，就可以在殿內自由拍照，二話不說我們馬上掏錢。

喇嘛先簡單介紹薩迦寺名聞遐邇的幾項殊勝特色：

三所依：身所依「世界無雙釋迦牟尼佛」，是世界上最大的一體鑄造的銅佛像；語所依經書牆；意所依世界光明金製靈塔。

南寺四大牆：經書牆、佛像牆、瓷器牆、壁畫牆。

世界上最大的鐵環經書「布德甲倫馬」。

世界上最大一體鑄造的銅油燈：五寶珍善緣長明燈。

世界上藏量最多，堪稱奇寶的貝葉經。

穿過城牆式的高聳厚牆後，進到大廣場，售票處在此。左側小門通往「解脫梯」。

接著先禮佛大殿正中央的主供佛「世界無雙釋迦牟尼佛」,高約 9 公尺,於 13 世紀時由法王八思巴興建,並親自開光加持,佛像容顏生動慈祥,內藏有蓮花生大師法螺及燃燈佛等八大佛陀的舍利,珍貴無比。

然後,喇嘛引領我們由左往右順時針參觀,同時擇要解說(詳見文後)。走完一圈後,繞回大殿左側角落的小門,橫書「慧海經山」,進去便是隱藏在大殿正後方的狹長空間,也就是南寺著名的「經書牆」。

面對這些由地面堆高到屋頂的經書架,用「驚歎」二字不足以形容那份震撼,經書牆珍藏了無數的經文典籍,據說共有八千四百多部,文字全都是用金汁、銀粉和珊瑚、珍珠、象牙等各種珠寶研磨成墨汁再手工抄寫而成,從 13 世紀保存到現在,令人嘖嘖稱奇,可惜不能拍照。

仰望經書牆,排列整齊壯觀,但有幾處的經函往外突出,這一帶流行一則諺語:「世界若和平,經書都整齊;世界有災難,經書也會亂。」傳說西藏發生大事的年份,放在相對應位置的經書都自行往外突出。

這些經函有大、中、小尺寸,一般中等經書長約 1 公尺多,寬 60 公分,在轉角處地面放置了一套號稱世界上最大的經書,寬 1.2 公尺,長 1.8 公尺,在底部裝設了八個鐵環,必須八個人同時抬才能抬得動,因此又稱為「鐵環經書」。

一進大殿，正中央即 9 公尺高的主供佛「世界無雙釋迦牟尼佛」，鎮寺之寶白海螺安置於前方右柱後面。

　　鐵環經書的由來有兩種說法，一說是由度母化身的老奶奶所造，一說是由四位幻化的比丘所造，總之，這是一部稀有殊勝的《八千頌》，是最原始的《般若經》。

　　喇嘛介紹大約從 8 世紀開始，佛教在雪域高原就逐漸興盛，眾多經典傳入，西藏高僧也陸續寫下不少佛學論著，這些寫在紙上的經典能保存至今，係因製作藏紙的主要原料是一種含有特殊成分的「狼毒草」，這種草生長在草原和高山草甸，具有蟲鼠不咬、不腐爛的特色。加上此地天氣乾燥，因此經書不會變質。

開白花的狼毒草。

　　聽到「狼毒草」，我腦中立刻浮現一副美麗圖像，每年夏季我和先生在北方塞外草原騎馬，有種長得很特殊的野花叢漫山遍野生長，牧民就叫它「狼毒草」，他們說因為含有微毒，牲畜都不吃，所以可以維持美麗一整個夏季。

　　喇嘛指著正中地面招呼我們過去看：「另一個原因，寺廟以地底洞來調節空氣中的乾濕度，所以經書可以保存得很好。就是這個洞。」那洞看起來很平常，上面有個蓋子，打開黑黝黝地，看不到底。

　　看了半天看不出個所以然，但想起幾年前在北京參觀朋友新買的綠色環保節能屋，朋友說每間房都有深入地底的管洞，採用地源熱泵加上循環系統等多重方法，達到溫度和濕度的調控，因此冬暖夏涼。

　　經書牆地面這洞不知是否和現代綠色環保節能屋的設計原理相同？無論如何，古人能有相似的概念和智慧，夠令人佩服了。

　　介紹完畢，喇嘛讓我們自行拍照，正拍得起勁，喇嘛突然跑過來叫我們快去排隊，因為來了很多藏民，負責掌管鎮寺之寶「遠音白海螺」的喇嘛，即將吹白海螺為大家加持了。

　　這白海螺是八思巴幫忽必烈治病，忽必烈所回贈的大禮，據說是釋迦牟尼佛轉法輪時用過的，和大昭寺的十二歲等身佛並列為西藏二大珍

寶。白海螺有著神奇法力，吹響時，聲音可以傳送到數里外的地方，聆聽聲音的當下，如果虔誠地向法螺祈禱，所許的願望都會實現。

　　最後，心滿意足要離開大殿時，一想到就要走出古老、美麗和神聖的氛圍，我忍不住回頭再望一眼，寺內高低排列的眾多莊嚴佛像，或許正是有些人攻擊佛教是偶像崇拜的原因吧，琳琅滿目的各種佛像，無論是木製、泥塑、銅雕等，多如繁星，令人眼花撩亂。但我們學佛者明白，各式各樣的佛像都只是一種順世方便法，都是為了引發我們俗世凡夫的清淨心，強化宗教情感及信仰所依，事實上，在佛教經典中充滿破相主張，眾所周知如《金剛經》：「若以色見我，以音聲求我，是人行邪道，不能見如來。」

　　我知道這些佛像都屬於有形的外相，終有一天遭逢緣滅相破，等那一刻到來我也能坦然接受，但眼前當下，就讓我安然倘佯於祥和自在的諸相中吧！

大殿巡禮

大殿由四十根原木大柱支撐直通屋頂，最粗的直徑 1.5 公尺，最細的 1 公尺。最特別的是前排正中間的四根柱子，被稱為四大名柱。「黑流血柱」是龍護持的一棵大樹，修建大殿時，龍融入樹中，砍樹時流出黑血；「忽必烈柱」是殿內最粗的柱子，柱圍寬 4 公尺，是忽必烈為感恩法王八思巴而供養；「野牛柱」是薩伽寺護法瑪哈嘎拉（大黑天）化身為野牛，在此樹留下腳印；「老虎柱」，也是寺廟的護法柱，老虎融入樹中，皮留樹外。

大神鼓，有八百多年
歷史，每年只在藏曆 1
月 15 日敲響一次。後
方書架上均為八思巴時
期以金汁所寫的藏文大
藏經《甘珠爾》。

衮嘎寧波能言等身像。衮嘎寧波是薩迦派創寺五祖之首,十二歲在洞穴閉關時就親見文殊菩薩,獲得《遠離四種執著》教授,掌持薩迦法座四十八年。這座塑像乃他生前親自塑造並開光。他圓寂後,弟子準備將此塑像從昂仁縣迎回薩迦,正打算卜卦決定吉日,塑像說話了:「老人回家鄉,不用擇吉日!」當大家討論佛像外觀要不要貼金裝飾,塑像又開口了:「以前我怎麼樣,現在就怎麼樣,不用化妝!」因此,保留原貌。

薩迦法王寶座後面是銀製的長壽三尊——長壽佛、尊勝佛母和白度母,為了法王能長久駐世而造。放在寶座上的法照是今世法王,長駐印度。

昔日薩伽班智達在邊境吉隆附近和外道辯論，處於劣勢，於是對本尊祈請，此像顯現，賜予加持，班智達轉敗為勝，外道皈依佛教，因此此像被稱為「勝辯文殊菩薩」。

大尊佛像為在西藏有「第二佛」之稱的蓮花生大師。前面右側站立的佛像是「預言紅銅度母」，能預知未來。坐姿小佛像是釋迦牟尼佛。

正中央的主供佛——世無雙釋迦牟尼佛,是世界上一體成型最大的佛。

數十年前大殿失火，文殊菩薩顯現，把所有火都吸到他後面，佛像的鎏金外表被燒光，背後也呈現一片焦黑色，被稱為「滅火文殊菩薩」。

此尊釋迦牟尼佛造型如同大昭寺覺沃佛（即釋迦牟尼十二歲等身佛），頭戴五佛冠。據說約六十年前維修寺廟時，樑柱不慎掉落，把佛像右肩撞歪一邊，佛像發出「哎喲」一聲（意在提醒工人小心），因此又被稱為「哎喲佛」。

世界海拔最高的寺廟

　　拉孜是 219 國道（新藏公路）和 318 國道（中尼公路）的分叉點，2010 年阿里行時，我們從拉孜沿中尼公路往定日走，轉往珠峰基地營，下山後，不走回頭路，直接往西橫越聶拉木縣的希夏邦瑪保護區前往薩嘎。

　　從拉孜到絨布寺約 180 公里，離拉孜 32 公里時，會翻過海拔 5248 公尺的嘉措拉山口，進入珠穆朗瑪峰國家公園範圍。再續行幾小時，土石路呈髮夾彎，一路攀升，四周山景從光禿到白雪連綿，雖然路面顛簸，但彷彿行走在眾神的國度，心情清暢歡欣。

　　2010 年我前往珠峰時，絨布寺正在維修，未對外開放，2013 年二

翻過海拔 5248 公尺的嘉措拉山口，便進入珠穆朗瑪峰國家公園。

公路呈髮夾彎，一路攀升。

度前往，已整修完成，寺內主要文物是高 6 公尺鍍金蓮花生大師佛像，寺方也因應絡繹不絕的遊客，設立招待所，提供簡單的住宿和飲食。

　　每個人第一眼看到絨布寺，都會有點訝異，號稱世界上海拔最高的寺廟竟然只是這樣一座不起眼的小小寺院，不過，這和「山不在高，有仙則名，水不在深，有龍則靈」的道理是一樣的。

　　絨布寺除了以「拍攝珠峰最佳位置」取勝，也因為它是由蓮花生大師所創建，距今已一千二百多年了。蓮花生大師是阿彌陀佛的意化現，

觀世音菩薩的語化現及釋迦牟尼佛的身化現，曾與寂護大師同於印度那爛陀寺學習，以神通與幻術聞名。8世紀時，受藏王赤松德贊與寂護大師邀請，前來西藏興建桑耶寺，然後於西藏各地弘法數十年，創立了寧瑪派，孕育出眾多偉大的修行者和大成就者，被藏人視為「第二佛」，在西藏是個無人不知無人不曉的偉大上師。

　　仔細想想，這座小寺廟能從那麼久遠以前的年代住世到今日，實在非常不可思議，當時還沒有所謂世界最高峰，也沒有車路，來這裡的修行者完全要靠兩隻腳翻山越嶺長途跋涉，命喪途中的機率很高，就算能安全抵達，接著又要面臨食物的問題，還有冬季大雪紛飛的酷寒。

　　和古代修行者比起來，我們這些現代的臺灣佛教徒應該感到汗顏，別說長期閉關了，就說參加一日、二日或一週的禪修、法會、閉關，打坐有舒服的蒲團坐，拜懺有軟墊跪，天熱有冷氣吹，飲食有護關人員準備可口素餐……。臺灣佛教徒若處在一千年前的西藏修行環境，大概沒多久就「陣亡」或「投降」了。

　　站在絨布寺可以清楚看到世界最高峰，西方國家稱它為埃佛勒斯峰（Mount Everest），以紀念英國占領尼泊爾時，負責測量喜馬拉雅山脈的測量局局長喬治‧埃佛勒斯。藏人則稱它珠穆朗瑪，意思是「大地之

從絨布寺看珠穆朗瑪峰。

絨布寺大殿。

古舊的迴廊與鐘樓。

母」，由這兩個名稱也可以看出不同的民族性。藏民認為珠穆朗瑪峰和
周圍的四座雪山各居住著一位女山神，統稱為「長壽五天女」，她們各
騎乘不同的動物，騎雪獅的天女掌管人類生命；騎老虎的天女負責世間
農田；騎龍的天女掌管人間牲畜；騎馬的天女負責智慧；騎鹿的天女負
責人間財富，五位天女原本是苯教的原始神靈，後因折服於蓮花生大師
無邊的法力，加入了護持佛法的行列。

　　只要聽過長壽五天女的傳說，無論是欣賞珠穆朗瑪峰的夕陽或晨

曦，望著望著，就會錯覺天女正在雪山上翩翩起舞，笑看人間。而人類
於 1953 年首度登頂珠峰，至今半世紀多，南北兩側登山路線共掩埋了
一百多具攀登者遇難的遺體，他們都是愛山者，魂歸於雪山，或許也正
隨著女神翩翩起舞呢！

絨布寺再往上 8 公里抵珠峰大本營，有藏民帳篷提供床位住宿。

傍晚的珠穆朗瑪峰，聖潔晶瑩。（此圖攝於 2013 年，珠峰積雪較多）

晨曦中的珠穆朗瑪峰，即將甦醒。

珠穆朗瑪峰基地營（Everest Base
Camp，簡稱 EBC）海拔 5200 公
尺，是一般人能抵達的最高處，往
上必須另申請攀登許可。

2010 年阿里行隊友雀躍合
影，看我們的穿著就知道氣
溫很低。

繁華只不過是一捧沙

　　過了拉孜，翻過海拔 4517 公尺的昂拉山口後，進入昂仁縣，第一
個目的地是日吾其金塔，這不是正規路線的景點，導遊和師傅都沒去
過。他們好奇地問我：「你怎麼會知道這地方？」

　　「查資料啊，我又不是第一回來西藏，當然要拜訪一些特殊點，日
吾其金塔是湯東傑布建的，湯東傑布你們應該都知道他吧！」

　　他們點點頭。發明藏戲及鐵索橋的湯東傑布，藏族老少都認識他。

　　問了路人，車拐進縣道，一會後來到一座寺廟，我環顧四周沒看到
金塔，直覺不對，問多吉和師傅：「金塔在哪裡啊？」他們下車問正在

問了喇嘛才知我們走錯寺廟了。

寺外整理蔬菜的兩位喇嘛，回來轉述：「他們說金塔還很遠！」「那這裡就不是日吾其寺了，因為資料說金塔位在寺廟旁，這間到底是什麼寺呢？」師傅直接拉大嗓門問喇嘛，喇嘛回答：「曲德寺。」

雖然不是我們原訂的目標，但既然誤打誤撞來到，表示有緣，大家也歡喜接受這「美麗的錯誤」，在喇嘛熱心引導下入內參觀。

喇嘛介紹寺廟屬格魯派，海拔 4400 公尺，已有七百多年歷史了，是昂仁縣目前三十多座寺廟中規模最大的一座，僧人有三十多位。

走進殿堂，驚喜看到一座被細鐵絲網圍繞保護的「彩沙壇城」，色

彩炫麗，喇嘛介紹時值神變月（指藏曆 4 月），寺廟舉行大法會，壇城是迎請本尊降臨的所在，因此以彩沙製作了一座「大威德金剛壇城」，七天後才會拆解壇城。

「壇城」來自梵文 Mandala 的意譯，音譯則稱為「曼達拉」或「曼陀羅」。在藏傳佛教密續中，不同的本尊，壇城的圖案也不一樣。壇城的外相象徵密續該本尊安住的宮殿；內在意義象徵該本尊的智慧和威德。

壇城也是藏傳佛教顯示宇宙真理的一種圖繪，代表「無限的大宇宙」和「身體內在小宇宙」相印的微妙空間，常做為觀修的憑藉。

能看到彩沙壇城，都是有深厚福德因緣的人，由於壇城具有本尊與法會的加持威力，觀看時若能帶著清淨的信心，專心一意順時針方向繞行，功德一如繞佛繞塔，能種下未來成就該本尊果位的善因種子。

壇城中的每一個圖案或字母，都有象徵意義，例如：藍、黃、紅、綠、白五色代表五方佛五智（另說代表地、水、火、風、空和色、受、想、行、識）；火輪象徵出離心；蓮花瓣象徵菩提心；雲朵象徵大悲心；金剛牆保護行者不受障礙；四門象徵四聖諦及四靜慮；雙鹿法輪象徵聽聞教法等。

幾年前，我曾收到朋友轉寄主題為「繁華只不過是一捧沙」的彩沙

隔著鐵絲網拍到的大威德金剛彩沙壇城。

壇城繪製過程影片，幾位喇嘛先依照經典記載的比例打好底稿，再使用不同顏色的特殊細沙，由內往外繪圖，如此每日繪製幾小時，耗時近一個月終於完成一座瑰麗絢爛的彩沙壇城，然後，圍觀人群猶在讚歎時，只見喇嘛手持小刷子，毫不猶豫地，由外往內，瞬間將壇城破壞掃空，那個當下，現場觀眾看得目瞪口呆，受到強大的震撼。

即使不懂彩沙壇城所象徵的佛法意義，純粹以一般人觀賞藝術的眼光來看，它也是一幅精緻的藝術創作品，令人歎為觀止，愛不釋手。瞬間把它毀了？一般人當然無法接受，盡是不捨，惋惜聲連連。

　　美麗而脆弱的彩沙壇城，難建而易毀，整個從製作到分解的過程，道出了萬事萬物成、住、壞、空的軌則，展現了無常、幻化、緣起性空的佛法本質。有位仁波切曾開示：這個過程，最主要就是要破除我們的「執著」，因為執著會導致苦的產生，使人無法解脫。

　　在《大般涅槃經》中，迦葉菩薩曾問佛陀：「云何執著？」佛陀回答：「……於所著事不能放捨，是名執著。」用白話文來說明，只要是對自己的想法、立場、態度、身分或與自己相關的人事物等，都放不下，非常在乎，那就是執著。

　　例如有人連旅行到落後國家都堅持一定要住在有空調、床單潔白的房間；堅持每天洗澡換穿乾淨衣服；堅持一定要吃合自己口味的食物……，若無法如願，便坐立難安，這其實也是一種執著，導致整趟行程苦不堪言，對自己對同行者都是折磨。若是能不堅持一定要如何如何，不再執著一件事物或一種習慣，那它就失去了指揮擺布你的能力，你也就獲得了自由。無論走到哪裡，無論遇到什麼狀況，都能怡然自在。

　　許多高僧大德都開示：修行無論是用哪一種方式，目的都是為了消除分別心，因為有分別心便會有執著，所有煩惱的根本都來自執著。無論你如何精進，如何念誦儀軌，只要執著沒有祛除，就不是真正的修行。

大威德金剛是文殊菩薩的忿
怒相。格魯派創教之主宗喀
巴大師被視為文殊菩薩化
身，因此，文殊菩薩受到格
魯派極大的推崇。

朱古活佛

　　離開曲德寺，距日吾其寺金塔還遠，先抵達我特地安排參觀的扎桑寺，這座寺廟位在昂仁縣桑桑鎮，多吉和師傅也沒去過，本來還擔心會不會再次發生「美麗的錯誤」，幸好，路旁就有指示牌。

　　從公路轉入窄土石路，進入北側山溝，我往窗外望去，看到有座小建築聳立在高陡的山頂，下方一處寬廣的平台另有一棟建築，我自言自語：「那應該就是扎桑寺吧！」多吉和師傅無法確定，只回答：「就算是，你們也不可能爬上去，花時間又很危險！」

　　開了2公里多，平緩的土石路到了終點，出現三座佛塔和幾棟建築，

往左還有更狹窄更陡的車道往上，只是我們這輛商務車開不上去。

眼前建築，右側是寺廟管理委員會，左側一棟二層樓房挨著一棟長型平房，看似藏民住家。師傅和多吉先去寺廟管委會備案，我們站在原地等候，忽然看到有位年輕藏民站在平房大院裡，我趕緊上前招呼：

「札西德勒，請問扎桑寺是山頂那座嗎？」藏民點頭。

「爬上去要多久？」

「本地人上去大概要一、兩小時吧！」他想了一下才回答。

「我們可以上去嗎？」

「路很不好走。」他邊說邊搖頭。

「我看資料扎桑寺有蓮師腳印，請問現在還在嗎？」

「腳印？腳印就在我們家啊！」他回頭指向那棟二層樓房。

我高興得差點跳起來，也未免太巧了，但心中也生起一個疑問：「腳印為什麼會在他家裡？是託他們保管嗎？」

「那我們可以去拜見嗎？」我接著問。

他點點頭回答：「我去找我爸爸。」說完就往佛塔後面山坡走去。

師傅和多吉正好回來，後面跟著一位中年藏民，聽我說了狀況，他們轉身與中年藏民用藏話交談，然後告訴我：「走往山坡那位年輕藏民

的爸爸是朱古，就是你們漢人說的活佛，他也是扎桑寺的住持。」

　　不一會，年輕藏民和一位長者返回，多吉用藏語向他們說明我們來意，朱古示意我們隨他上樓，走到最裡間佛堂，有個殊勝的壇城。虔誠的格桑師傅邊走邊向大家收佛珠，說等下要一起請朱古加持。

　　扎桑寺是寧瑪派早期重要寺廟，歷史悠久，已有一千多年。8世紀時，蓮花生大師在山南建桑耶寺後，西行弘法，途中和佛母曼達娃惹經過此地，曾在此閉關七天，留下腳印及從尼泊爾帶來的礦石，該寺因此成為聖地。著名的大師湯東傑布也曾在此地修行了三年。

　　從創寺第一代開始到現任二十世，寺主都是父子相傳。

　　朱古取出一塊腳印石，為大家摩頂加持，我問：

　　「這是蓮師腳印石嗎？」

　　「不是，這是第一世朱古的腳印。」

　　「那蓮師的腳印呢？」

　　「留在山頂寺廟裡的岩壁上。」

　　雖然很想爬上山頂親睹蓮師聖物，但時間不夠，我只能抱憾了。

　　朱古陸續叫兒子搬出許多寶物，一樣一樣為我們加持。

　　最後告辭下樓，前往繞行佛塔時，來了一位寺廟管委會的委員，

對扎桑寺歷史如數家珍，為我們講寺廟第一世仁增袞頓的故事，據說他是蓮花生大師的化身，出生時，頭上長有三根雄鷹的羽毛，母親把它拔掉，立刻又長出來，再拔再長，因此取名仁增袞頓（袞頓是藏語羽毛的意思）。後來他發掘出不少伏藏，彙集在一起成為所謂的「北藏」。

扎桑寺共有三組建築，分別建在山頂、山腰和山下，山下的建築是寺主居住處，海拔 4460 公尺；山腰的建築是中拉康（藏語，指佛殿），

扎桑寺現任住持，第二十世朱古。

海拔 4870 公尺；山頂是上拉康，海拔已達 5000 公尺。由低至高，藏語分別稱為「朱古」、「隆古」和「曲古」，也就是化身、報身和法身。

上拉康、中拉康都供奉如真人大小的蓮花生大師塑像，佩掛各種金銀飾物，也供奉其他泥塑像，這些佛像體內都裝有當年蓮花生大師從印度帶來的各種寶石與礦石。另外，也供奉歷代寺主肉身（遺體經防腐處理後刷以金箔或泥漿保存）及珍貴無比的黃金酥油燈，可裝酥油三公斤。但在文革時全遭到破壞。

他又指出最低處的地形像一隻烏龜，往上就是龜背，我們把頭左歪右歪，瞧了半天，看不出像烏龜。他說要從對面山上遠看才像，他可以幫我們爬上去拍照，我把小相機遞給他，大偉興沖沖要親自去拍，兩人一前一後消失在山溝。

繞行佛塔時，看到許多佛像、佛塔造型的擦擦（藏傳佛教的一種小型模具泥塑，通常供奉於寺院殿宇、瑪尼堆、僧人修行窟，或佛塔裝臟用）。

朱古家位於右側二層樓房；最左側下拉康的地形像烏龜，往上就是龜背。

1		3
2		

1.
離開扎桑寺，返回 219 國道，前行過了桑桑鎮後，路旁出現指標「往日吾其金塔 42 公里，海拔 4100 公尺」。往南轉進土石路，路面顛簸，在山腰間蜿蜒，沿著河谷前進，兩旁景觀荒涼。

2.
左側黑亮的山體，內含鐵的成分，湯東傑布建橋用的鐵鍊就是從這些岩層中提煉出來的。

3.
日吾其村到了，家家戶戶圍牆上面堆滿木材和牛糞（當燃料）。

鐵索橋與金塔相輝映

　　抵達日吾其村，先前往雅魯藏布江邊鐵索橋，這是著名高僧湯東傑布在六百多年前所建的第一座鐵索橋。

　　湯東傑布出生於 14 世紀末的昂仁縣多白鄉，關於他活了多少歲眾說紛紜，最長壽的記載是活了一百多歲，他畢生奉獻於藝術、建築、醫學等方面，包括為了募款建橋，發明藏戲，組成享譽藏區的戲團；研製的「珠目」等藥劑流傳使用至今；建造了五十八座鐵索橋、六十座木橋和一百多艘船。

　　我第一回和湯東傑布建造的鐵索橋相遇是 2014 年在北印度的「達

旺」，達旺原屬西藏錯那縣，1913 年，於印度西姆拉召開中、英、藏三方代表會議時，英國印度殖民政府背地威脅利誘西藏噶廈政府代表，簽定新的印藏分界線（即著名的麥克馬洪線），從此，西藏的錯那、隆子、墨脫、察隅四縣南部大半及朗縣、米林兩縣小半均劃入印度領土，成為今日的阿魯納恰邦（Arunachal Pradesh）。

當第一眼看到橫跨江面的鐵索橋，對湯東傑布無比敬佩；當雙足親自走過，更生起無比的感動，五、六百年前建的鐵索橋，經過那麼長的

我在達旺（鄰近不丹，海拔三千多公尺）看到的鐵索橋。

歲月（期間有維修）仍在使用，真是了不起啊！

　　從那時起，我就很想看一看建在藏區的鐵索橋，如今來到湯東傑布的故鄉，看到第一座興建的鐵索橋，卻發現和達旺的鐵索橋不太一樣，達旺的鐵索橋在鐵絲網上還鋪了竹片，走起來平穩，眼前這座單純由鐵索組成Ｖ型，中間只有細窄的踏腳處，光看就很驚險，走起來肯定會搖搖晃晃、膽顫心驚。

湯東傑布在西藏建的第一座鐵索橋。

　　仔細看橋上方的主鐵索，環環相扣，粗重堅固，格桑師傅說：「我們剛剛經過的路上，旁邊的山岩很多都黑亮黑亮的，那都含有鐵，湯東傑布建橋用的鐵，就是從那些岩層中提煉出來的。」

　　距鐵索橋不遠便是日吾其寺和金塔，日吾其寺海拔 4260 公尺，屬寧瑪派，距今有六百多年歷史，北面靠山，南臨雅魯藏布江，僧侶曾多達五十多人，目前只有十六人。大殿不准照相，保存了許多珍寶文物，包括湯東傑布的腳印，昔日本地國王（修行者）法體，湯東傑布在世時親自製作的塑像，他的手杖，檀香木做的金剛杵，橋墩鐵索頭，槌鐵鍊用的工具等。

　　相鄰的金塔，同樣建於 14 世紀，是日吾其寺的一個組成部分，由湯東傑布創建，別稱「小江孜萬佛塔」，具體而微。塔高六層，呈多邊格局，自下而上逐層內縮，塔內中空，每層築階梯沿內壁盤旋而上，直通頂部相輪（塔頂圓盤）。

　　沿小樓梯走進金塔第一層，內有環繞一圈的狹窄甬道，小窗戶透進天光，隱約可見牆壁繪有各式各樣的佛像，高約 30 公分，結跏趺坐於蓮花座上。在甬道內四壁各鑿有一座小佛龕，龕內三面同樣繪有佛像，不過都只餘殘存，資料記載，金塔的護牆和塔身在文革時都遭嚴重破壞，寺廟更是全毀，近年才由昂仁縣政府撥款修復。

走完第一層，想上第二層，發現通往二層以上的小門鎖住了。

離開時，遠眺此塔，陽光下金碧輝煌，光芒四射，這也是它被稱為「金塔」的由來。

返程半路，荒蕪、渺無人跡的土石路上，突然出現一個小身影，是個藏族小女孩，我瞄了下手表，6點剛過，仔細看那小女孩，走路一跛一跛，不知是天生殘疾還是後天受傷造成？瘦小的身影在荒蕪的土石路面歪斜著緩緩前行，看著很讓人心疼。特別喜歡小孩的大偉，一看到就喊：「師傅停一下，我要下車請她吃糖。」我對多吉和格桑師傅說：「我們讓小女孩搭便車吧！看她要去哪裡？」按照規定，臺灣人的旅遊車不能隨便搭載路人，不過反正這裡也沒檢查哨。

格桑師傅向小女孩問話，然後對我們說：「傷腦筋，這小女孩說的是本地土話，我們無法溝通。」再用比劃方式問她要不要搭車？她搖頭，不知意思是不要還是聽不懂。

猜測她可能是附近牧民（住帳篷）的小孩，既然這樣，我們只能拿出糖果餅乾和香蕉送給她，小女孩抱了滿懷，臉上露出驚喜。

一個小女孩獨自在荒山野外行走，臺灣小孩的父母絕不可能讓這種事發生，而在西藏，卻是如此自然，以從高中就喜愛登山的我來看，也

日吾其寺四周建了一圈金色瑪尼輪圍牆。

覺得沒什麼大不了。回想當年初入社會工作，我最大的感慨正是「楚客莫言山勢險，世人心更險於山」、「閱盡人情知紙厚，踏穿世路覺山平」。

日吾其金塔別稱「小江孜萬佛塔」。塔高
六層，呈多邊格局，自下而上逐層內縮。

甬道內壁繪有各式各樣佛像，高約30公分，
結跏趺坐於蓮花座上。

小女孩一跛一跛獨行在土路上，惹人憐愛。

1.

早上從薩嘎出發，一路車輛不多，近中午越過海拔 4920 公尺的突擊拉山口，這是薩嘎縣和仲巴縣的分界點，路旁滿是瑪尼堆和祈福哈達。

2.

過老仲巴檢查站後，因為限速，不能太早抵達下個檢查站，為了消磨時間，格桑師傅帶我們參觀這間藏王松贊干布和文成公主來過的扎頓寺，寺名因寺內釋迦牟尼佛像用了佛的七根頭髮裝臟而得名（藏語扎即頭髮，頓即七）。

3.

樑柱掛了幅「鎮魔圖」。依記載，文成公主入藏後以八卦算出西藏形如魔女仰臥，松贊干布因而修建十二間鎮魔寺以鎮壓，扎頓寺即蓋在魔女左膝上。

帕羊小鎮

　　海拔 4750 公尺的帕羊，網路上的風評呈現兩極化，有人說根本不值得停留，有人說它是一個極具西部風味的草原小鎮，鬆散地排列著民居，鎮外牛羊悠游於廣大草原和皚皚雪山之間。

　　出發前排行程時，我猶豫著要不要排住宿帕羊，2010 阿里行也曾路過帕羊，但沒特別印象，表示它只是一個普通的小鎮，正在難以下決定，在網路看到一位攝影師稱帕羊為「世界上海拔最高最美麗的小鎮」，照片攝於夕陽下，光線柔和，美得特有韻味，於是排了來程住宿帕羊一晚，體驗一下帕羊小鎮的黃昏和晨曦。

離帕羊半個多小時車程，會經過雅魯藏布江源頭馬泉河形成的湖泊，由於沙化嚴重，這一帶能看到沙丘、湖泊和雪山同時出現的畫面。

　　多吉和格桑師傅知道我們要住帕羊時，不約而同表示：「帕羊哪有什麼好看的，住宿條件也不好。」在我堅持下，他們才勉強同意返程再住宿一晚。結果返程時，還未抵達帕羊就日落了。

　　第二天一早起來等看日出，房間在二樓，站在走廊就看得到日出，外面氣溫很低，7點多拍照，附近民居炊煙裊裊，逆光中是有那麼一點點意境，但說老實話，比這美的意境我看過太多了。

藏味濃厚的舊房子隱藏在外圍。

　　走到大街，兩旁商店大門深鎖，流浪狗跑來跑去，翻垃圾堆找食物吃。走到店前，才發現不是太早還沒開門營業，而是根本沒招租出去。可能因為遊客很少在此停留，生意做不起來的緣故吧！

　　小鎮看去就是幾十戶居民和街道兩旁的小店組成，往鎮外走，才能看到主街新樓房的後面，隱藏著藏味濃厚的舊房子。

　　帕羊經驗，讓我想起多年前發生在自己和朋友間的黃山經驗。黃山

魅力無窮，但旺季時，遊客摩肩擦踵，為避開人潮，我和先生刻意選雨季上山，獨享山區寧靜，並欣賞到雨後放晴的一刻，谷底水氣凝結成雲霧，隨著山間氣流升騰，迴旋漫遊，形成連綿的煙雲奇景，雨霧散開時，大幅潑墨山水便在眼前浮現流轉。

黃山那副絕美如仙境的印象，深深烙印在我腦海，相隔不到兩年，有位朋友也去了黃山，歸來後喜孜孜秀照片給我看，說他運氣好，天天都萬里晴空，我看了照片，他拍的黃山和我記憶中空靈飄渺的印象全然不同，我有點迷惑，是黃山變了嗎？還是他去的黃山不是我去的黃山？

黃山無過，帕羊也沒錯，該怪的是我們凡人的分別心，只相信自己看到的真實不虛，執著於那是唯一，但是構成世間物質現象和精神作用的五蘊和合，不會永遠不變，即使外境同一，也會因個人受、想、行、識的運作而導致相異。

天空夠大吧，海洋夠廣濶吧，但只要用一隻手掌遮住自己的雙眼，就看不見天空，看不見大海。生活中，都會遇到不如意和挫折，它們本來都只是小小的，但如果你總是把它們拉近放大，擱在心上，放不下，那就會像小小手掌遮住藍天遮住大海一樣，所有的快樂和幸福也都會被阻擋不見，你只感到痛苦和煩惱。

阿里地區

 མངའ་རིས།

阿里地區號稱「世界屋脊的屋脊」，空氣稀薄，氣
候惡劣，又有「世界第三極」之稱，平均海拔超過
4500 公尺，面積 30.4 萬平方公里，人口不足九
萬。這裡有世界海拔最高的新藏公路；世界海拔最
高的淡水湖瑪旁雍措；獨特的土林景觀；被視為「世
界中心」的岡仁波齊神山；歷史悠遠的古象雄文明；
一夕消失神祕的古格王國遺址；野生動物的天堂；
西藏本土原始宗教苯教的發祥地……，千年歲月的
驚歎寫滿這片壯濶美麗的大地。

1.

離開帕羊（位於仲巴縣）前進阿里地區的普蘭縣，公路在喜瑪拉雅山和岡底斯山之間綿延。海拔升高，路旁積雪增多。

2.

公路邊堆滿奇形怪狀、終年不化的冰雪。

3.

遠遠看到山坡上一大群野生動物，多吉說是藏羚羊，我用相機局部放大看，才知是白屁股的藏原羚，又稱黃羊。

| 1 | 2 |

1.
過了馬攸橋檢查哨後，公路攀升，抵海拔 5211 公尺的馬攸木拉山口，風
馬旗翻飛。翻越山口，便跨入「世界屋脊的屋脊」——阿里地區。

2.
遠遠看到塔欽了，後方金字塔似的雪峰便是神山岡仁波齊。

糞坑上的反省

　　塔欽海拔 4700 公尺，上個世紀末，塔欽還只是一個普通的藏族小村莊，二十多戶人家以放牧維生，只有藏民來轉山時會在此駐足補給，之後隨著中國對外開放及旅遊業崛起，外國朝聖客漸多，國內遊客也增加了，他們不僅需要食物和住宿處，還需要馬、犛牛和挑伕，隨之而起的是以四川人為主的各種商家，促使塔欽經濟轉型，從原本如繁星散落於草原的藏式村落，轉變成整齊的市集街道。

　　五年前我來轉山，還未收取高額門票費，後來，神山聖湖區被當局委託給旅遊開發公司經營，如今還未進入塔欽鎮，便被收費站擋住去

路，旁邊還矗立著一座「神山遊客接待中心」。

　　付過高額門票費後，進到鎮內，右側便是因應去年馬年轉山龐大人潮而興建的四星級酒店，對照一路過來所見都是天闊雲高的蒼涼景觀，這四星級酒店實在顛覆視覺印象，心靈一下子受到莫大衝擊。

　　車開進鎮上，窗外的風刮得又冷又急，卻刮不走兩旁店家的喧囂熱鬧。只有等到每年 11 月，朝聖客漸稀，開店商人陸續回內地老家過年，一切喧囂才會沉寂，塔欽也才會重新還原高原小村落的安寧。

　　住進可接待外賓的「孔雀賓館」多人房，床位每床 50 元，床單和

新設立的神山遊客中心及售票站。

從山坡高處往下看塔欽小鎮,右側是新建的現代化建築。

棉被還算乾淨，只是室內沒衛浴，上廁所必須走到庭院對面，為了這，隊友之一和我起了小爭執，氣氛有點僵。

臨睡前，三位隊友結伴去上廁所，我坐在床上看資料，心中想著：難道剛才保持靜默的其他兩人，與和我爭執的隊員同一陣線？他們返回後，我拿著手電筒獨自前往，穿過庭院時，高原的風一陣陣刮，塵沙飛揚。

進入廁所，有盞小燈，我關掉手電筒，在茅坑上蹲下來，昏暗的小空間裡，思緒反而清明。

多年來獨自旅行偏遠藏區慣了，加上跟隨寧瑪派上師實修，我對吃和住已不在意，再差也無所謂，以今天的住宿環境而言，我覺得夠好了，為何隊員無法接受？

風依然在外呼嘯，遠處有狗此起彼落鳴叫，簡陋廁所內的小燈被偶爾灌入的強風吹得左右晃動，往下望，毛坑洞黑黝黝的，膽小的人可能會害怕裡面忽然跑出什麼怪物來吧！

瞬間想通，我安之若素，是因為我熟悉藏地環境，是因為我了解藏族文化，而隊友是第一回來西藏自助旅行，人對不熟悉的環境和事物，難免會因未知和不了解而心生恐懼、排斥。

回到房間，我主動向起爭執的隊友說：「我為剛剛的事向妳道歉，

對不起，我獨自一人在藏區旅行慣了，忘了你們都是第一回來西藏自助旅行，還沒適應。」隊友立刻說自己剛剛語氣也有點衝，請我原諒。

兩人笑著互相擁抱，化解了不愉快。

之後相安無事，沒多久，隊友也都適應了屋內沒廁所的住宿環境。

巧合的是，返臺後，收到朋友 e-mail 分享宗薩欽哲仁波切的開示，這位仁波切曾執導《高山上的世界杯》、《旅行者與魔術師》、《舞孃禁戀》等多部電影傳揚佛法，是我很崇敬的一位上師。

　　在成為佛教徒幾年之後，你也許可以輕而易舉的出離很多過去無法出離的東西，你變的不再關心那些被認為很世俗的事物。……你確實出離了一些東西。但是你可能會被另一些東西控制住。

　　例如，你從肉食出離，走進了素食。你開始執著於素食，甚至認為肉食不潔，那些吃肉的人也會引發你的反感和敵視，這個時候，你應該從素食出離。你執著於吃素，而執著的直接結果就是製造出各種有害情緒，比如敵視。

　　真正擁有出離心的標準就是，你可以隨時拋棄任何你熟悉的東西，你可以走出任何你習慣的場景。不會有猶豫，不會有不捨。

　　如果你可以做到這一點，那麼你可以說你的出離心很完美。具有出離心的人可以接受任何改變，他不會因為任何事情而憤怒。記住，我說的是任何事情，不光是那些很世俗的事情，也包括那些你認為很神聖的事情，例如，拜佛的動作。我們經常因為改變而生氣，因為改變通常是對我們已經習慣的東西的冒犯。……

　　我本來對自己安於一人前往偏遠落後地區旅行，安於住宿破舊髒亂處所，安於進食簡單粗糙食物，安於十多天不洗澡等等，暗自略感欣喜，認為這應該都是出離心日增的一種表現，直到讀了這份開示，頓感汗顏，修行道上，真是隨時都需要像宗薩欽哲仁波切這種當頭棒喝的醍醐灌頂呵！

牛刀小試

　　神山岡仁波齊周圍共有五座寺廟，都屬噶舉派。三座位於外轉道，分別是曲古寺、直熱寺和尊珠寺，位於內轉道的則是色龍寺和江扎寺。

　　因為其他三人都是第一次經驗四、五千公尺徒步，為了讓大家先適應及有心理準備，嚮導多吉和我決定模擬轉山情境，請大家背著明日轉山時要帶的所有東西，今天先走一段內轉道牛刀小試，由於藏傳佛教徒有「外轉神山十三圈才有資格轉內圈」的傳統，所以，我們也不敢造次真正走內轉，僅僅只安排走一小段。

　　塔欽位在神山南側山腳，內轉道從塔欽北側河谷逆行而上，先沿小

鎮邊緣一排佛塔旁的土石路往上爬，捷徑陡上山坡後，接回車道，類似臺灣的產業道路。左側是一條窄深切割的山溝，隨著高度，山溝變成略為寬廣的河床，河面結冰未化，像一條白色的哈達一路陪伴我們上山。

走到叉路口，右往位在小山丘上的江扎寺，是岡仁波齊山區最大的寺廟，已有近八百年歷史，曾有眾多高僧在此處和附近山岩修行，可惜文革期間遭到破壞，1986 年才重建。

我們選擇往左走，前往色龍寺。

愈往上走天氣愈差，快抵達色龍寺之前有一道山坡，我爬上坡頂後回頭望，其他人分散著慢慢往上爬，冷風陣陣，捲刮沙塵撲面而來。

進入色龍寺避寒，寺內只有一位僧人，不會說普通話，多吉和他聊了一會，知道我們來自遙遠的臺

沿塔欽邊緣一排佛塔旁的土石路往北走，通往神山內轉道。

灣並都是佛教徒後，僧人送我們每人一小包寺廟自製的煙供粉結緣，外
包裝印著岡仁波齊峰圖案，很有代表性，我們於是多請了幾包，準備帶
回臺灣送給法友。

　　色龍寺屬噶舉派，寺內主供佛除了被尊為「五祖」之一的密勒日巴
（另四位是帝洛巴、那洛巴、馬爾巴和岡波巴），還有寧瑪派的創教祖
師蓮花生大師，蓮師在藏地有「第二佛」尊稱，受到不分教派一致的推

路上遇到不少藏民內轉神山，路旁河床結冰未化，像一條白色的哈達。

崇。我在心中對著蓮師和密勒日巴祈禱：請加持我們轉山順利圓滿！

　　站在寺外，岡仁波齊峰近在咫尺，伸手可觸，可惜天候不佳，朦朦朧朧，忽隱忽現，否則從這兒就近欣賞神山，肯定是絕美的震撼。

　　雖然頗感遺憾，但想到曾經有遊客在塔欽住了一星期，只有一天無雲，其他時間神山都被雲霧遮住，而我們才到一天呢，也不用太苛求，何況藏人認為有福氣的人才能看見岡仁波齊峰頂呢！

　　我們從色龍寺折返，若繼續前行，繞過因揭陀山，就到達位在岡仁波齊山腳的直貢噶舉金靈塔，塔中供奉著十七位直貢法嗣的法體，再向前順轉，經過兩座湖——呈白色的小嘎巴拉湖和呈黑色的嘎瓦拉湖，返回起點，即完成內轉，通常早晨出發，一天便可圓滿。

　　今天試走，剛開始我以平常速度持續上行，沒想到其他人跟不上，相距愈來愈遠，我只好放慢速度，走一小段就停下，拍照兼等候。

　　本以為只有年紀長我三歲的宣林會走得慢些，出乎意料，四人中最年輕的大偉走得比宣林還慢，拖拖拉拉地落後一大截，中途我特地停下等他，問他是因為背包太重走不動嗎？他說不是，再問他是不是都沒照我開行前會時的要求，固定練體力？他回答有練，但因出發前一陣子連續重感冒兩回，可能因為吃太多西藥了，全身無力，感覺很累，舉步維艱。

位在小山丘上的江扎寺，是岡仁波齊山區最大的寺廟。

色龍寺只有一間小經堂及僧寮。

　　照這情況看來，宣林和大偉都無法以二天時間圓滿轉山，行程早已排定，也沒多餘時間可以延長成三天，和多吉商量後，晚上由我委婉說明狀況及決定：明早大家一起搭車到經幡廣場觀看一年一度的藏曆4月15更換經幡儀式，然後請宣林和大偉搭格桑師傅車返回塔欽，多吉、我和玉如繼續前行轉山。

眾神的花園

　　岡仁波齊，藏語的意思是「雪山珍寶」，海拔 6656 公尺，是岡底斯山脈的主峰，外型非常鮮明，像一個圓冠型金字塔，山頂積雪終年不化，從峰頂垂直而下的巨大冰槽和橫向岩層，有時積雪會形成類似佛教「卍」符號，是渾然天成的佛法象徵。

　　《大藏經‧俱舍論》記載，印度往北過九座大山，有一大雪山，雪山下有四大江水之源。大雪山指的就是岡仁波齊峰，晶瑩的雪水往東南西北四方流淌而下，匯聚形成四條大河。

　　流向東方的是馬泉河，因源於形似駿馬嘶鳴的山口而得名，是西藏

有「母親河」別稱的雅魯藏布江的源頭，流入印度後和恆河會合。

流向西方的是象泉河，因源於形似象鼻的山谷而得名，流經古象雄文明的中樞地帶，往西流進印度，是印度河主要支流的源頭。

流向南方的是孔雀河，因源於狀似孔雀開屏的山谷而得名，從普蘭流入印度和孟加拉，稱為恆河。

流向北方的是獅泉河，因源於似雄獅張開大口的山崖而得名，流經阿里首府獅泉河鎮後，流向印度克什米爾，稱為印度河。

四條河流孕育出廣大璀璨的文明，岡仁波齊因此擁有「萬水之源」和「千山之宗」的美名。在藏區眾多神格化的雪山中，也唯獨它同時被藏傳佛教、苯教、印度教、耆那教等不同宗教奉為神山，認定它是世界的中心，因此，有關岡仁波齊的歷史、傳說故事特別豐富。

梵語稱岡仁波齊為「濕婆的天堂」，根據梵文古文獻記載，早在西元前二千年就已確定神山地位，古印度人認定岡仁波齊為世界中心，日月星辰以此峰為軸心環繞。印度教三位主神之中，法力最大、地位最高的濕婆就住在岡仁波齊神山上，其妻子烏瑪女神經常在瑪旁雍措湖中沐浴。

耆那教稱岡仁波齊為「最高之山」，祖師曲卻曾在岡仁波齊嚴守

戒律苦修，終至成佛，因此耆那教徒視岡仁波齊是一座獲得解脫的靈性聖山。

　　苯教是西藏最原始的宗教，稱岡仁波齊為「九重萬字山」，認為天像一頂八幅傘蓋，地像一朵開放的八瓣蓮花，岡仁波齊就像傘柄和蓮花根莖，處於世界中心，有如天神上下的天梯，相傳苯教有三百六十位神靈居住於此神山。

　　8世紀，赤松德贊自印迎請蓮花生大師入藏，協助寂護大師建西藏第一座佛法僧俱全的桑耶寺，並弘揚佛法，蓮師對神山早有所聞，不畏艱險，特地前來朝聖，並在著作中形容神山「似水晶塔巍然屹立」。

　　11世紀，孟加拉高僧阿底峽應古格王邀請前來阿里弘法，途中朝拜了嚮往已久的岡仁波齊，當一行人走到神山腳，依稀聽到山上吹奏法號，時值正午，阿底峽便指示大家就地用餐。從那以後，若是有福之人，朝聖神山時便可聽見法號聲。

　　逐漸地，岡仁波齊神山在佛教徒心目中的地位與日俱增，但苯教勢力仍大，直到11世紀即身成佛的密勒日巴尊者與苯教教主那若本瓊鬥法，神山才易主。

　　相傳密勒日巴與苯教教主那若本瓊以鬥法來決定誰有權當神山之

蓮花生大師形容神山「似水晶塔巍然屹立」。

主，首先比轉山，兩人一順轉一逆轉各自開始，在中途相遇，便以誰拉得動對方跟隨己後轉山決一勝負，結果相持不下。

接著比賽疊石，那若本瓊用力搬來一塊大岩石，疊在一塊又高又大的石頭上，密勒日巴輕輕鬆鬆舉起一塊好幾倍大的巨岩放到最上面，那若本瓊自嘆不如，但仍不服輸，再提出於藏曆2月15月圓日比賽誰先抵達峰頂一決勝負。

當天空剛呈現魚肚白時，那若本瓊就騎著奇特的法鼓向頂峰前進，密勒日巴猶在睡覺，弟子們心急如焚，終於密勒日巴緩緩張開眼，胸有成竹準備動身。就在那若本瓊即將抵達山頂，朝日初升之際，密勒日巴順著第一道陽光騰空而起，瞬間抵達峰頂，那若本瓊驚得從鼓上摔下，法鼓一路滾下山，在神山南側留下一道深溝印跡。

那若本瓊不敵密勒日巴法術，讓出神山之主寶座，但他向密勒日巴請求能居住在可看見神山之處，密勒日巴隨手抓起一把雪撒向神山東側山頭，讓那若本瓊在那安身修行，抬頭便可遙望神山。

自古至今，佛教徒相信轉神山一圈可以消除一生的罪惡，轉十圈可在五百輪迴中免受下地獄之苦，轉一百零八圈即可今世成佛。藏民一般以轉三圈為起點，轉滿吉祥數十三圈則獲轉內圈的資格。由於釋迦牟尼

神山西側積雪與岩壁交織成巍峨之姿。

圖右第二個山頭即那若本瓊安身處，和圖左金字塔形的神山遙遙相望。

佛修行悟道在馬年，密勒日巴戰勝那若本瓊也在馬年，因此馬年被訂為神山的本命年，馬年轉山一圈等於其他年的十三圈，最能累積功德，這也是為什麼每逢藏曆馬年，轉山朝聖者絡繹不絕的原因。

為什麼要轉山？很多人會問這個問題，答案可以有千百種，為了信仰，為了祈福，為了消災，為了洗淨罪孽，為了敬畏神山，為了自我挑戰（非佛教徒轉山的主因）……。

轉山的朝聖過程，一步一腳印，會為生命帶來昇華，令人對信仰的崇高價值更加敬畏與嚮往，途中經過的每一處聖跡，以及故事中的每一位高僧大德，都是佛教徒景仰的對象，他們也代表著佛陀聖法的傳承與實踐，是佛教徒學習、自我提昇的一個指標。

年近半百前我都不是佛教徒，但從高中開始登山的數十年經驗，我明白，人在荒山野外，才能剝下文明面具，脫去自我防護的刺蝟外衣。而今轉山，同樣行走在山中，但加入了信仰的因素，虔誠的信心轉化成無比的力量，更能沉澱俗世紛擾的心，一趟轉山行就是身心靈淨化的過程！

轉山第一天

　　早上近 9 點，師傅開車送大家到 7 公里外的經幡廣場，也就是岡仁波齊外轉道的西入口，2010 年我第一回轉山，是從塔欽開始步行，光走到這裡就花了二個多小時。

　　由於藏曆 4 月 15 日是佛祖釋迦牟尼佛降生、成道、涅槃的日子，每年這天都在經幡廣場舉行更新經幡旗儀式，使得這裡成為神山下最熱鬧之處，遠自青海、甘肅、四川、雲南等大藏區的藏民，帶著嶄新經幡旗而來，整個谷地都是五彩顏色在風中飄揚。

　　大經幡柱已經在昨天（藏曆 4 月 14 日）放倒，朝著神山的方向斜豎，

四周以護欄圍繞暫時不讓人靠近。「塔欽」藏語的意思是「大經幡柱」，指的就是眼前這根長達 24 公尺的旗杆。

　　外圍地面推滿拆下的風馬旗，任人自由拿取，這些原本都掛在大經幡柱四周，是不同時間轉山的民眾陸續掛上的。一般都相信懸掛在神山腳的風馬旗，歷經長期風吹雨打，具有神山的加持力，帶回家供奉或隨

抵達經幡廣場時，大經幡柱斜豎朝著神山方向，等儀式完成後才整個豎立。

身攜帶能消災除障。

　　正式儀式 10 點才開始，我們把風馬旗懸掛在外圍山坡後，加入藏民行列，以大經幡柱為中心點，持咒不斷順轉，那川流不息的潮流形成了漩渦式的無形力量，身心都感受到一股虔誠的波動。

　　因為行進速度不同，四人不一會便失散了。多吉來找我，說他不觀看儀式了，要先走一步，幫我們去搶占今晚要住宿的直熱寺招待所床位，以免客滿。我半開玩笑說：「你是導遊，不陪我們走，萬一我們迷路怎麼辦？」他笑笑：「你不是來轉過了？只有一條路不會走錯的，跟著藏民走就行啦！」我和他約定最慢 10 點半就帶玉如出發。

　　大約 10 點，儀式正式展開，一排藏族男性穿著傳統服飾，扛著嶄新的風馬旗進場，邊走邊發出宏亮的聲音，但我聽不出喊的是什麼。

　　儀式進行緩慢，半小時過去了，經幡旗還未整個豎起，我擔心玉如速度慢，天黑前到不了直熱寺，10 點半一到帶著她準時出發。

　　離開經幡廣場，山路向西沿著河谷緩上，東北有一塊巨大的褐色石台，那便是天葬台。

　　不一會，玉如就落後一大截，我放慢速度，藏民不斷超越我，走過我身旁時幾乎都會主動和我打招呼「札西德勒」，我背包裡裝了一捲風

馬旗，因為太長了，一頭露在外面，有的藏民還會指指風馬旗，對我比出「讚」的手勢。

　　沒人時，我就安靜地走著，兩旁都是靜默的山峰和形色各異的大小岩石，陪伴我的是持續不斷的〈六字大明咒〉，偶爾回頭看一下玉如，若相距過遠，便暫停腳步，等待她靠近些。

經幡廣場東北方巨大的褐色巨石平台，即天葬台。

　　前行約2公里多，左側山坡上出現一座寺廟，是神山外轉道第一座寺廟「曲古寺」，「曲古」是「法身」的意思。為保留體力，只有遠觀禮敬。

　　曲古寺的主供佛「曲古佛」來歷曲折，傳說觀世音菩薩化身為瑜伽行者，從嘎爾夏奶湖中取出這尊佛像，迎請到古格王國，供奉在一座香火旺盛的寺廟裡，之後，神山怙主化成七名行腳僧前往該寺化緣，寺僧對他們很不友善，過了幾天，曲古佛便不翼而飛。四處尋找，後來得知佛像在岡仁波齊神山下的曲古寺，古格王發令搶回，當士兵抵達曲古寺，要將曲古佛往外搬，到了門口，曲古佛卻像生根一樣，

兩腿佛塔是神山的標誌性建築，從中間穿過會得到山神的保佑。

再也搬不動，士兵沒辦法就將佛像推倒在門外草叢裡，改搬法螺和齋僧大鍋回去交差，神山怙主再施法術，將大鍋盛滿血，嚇跑士兵。

　　不久，一位老藏民路過，發現草叢裡的佛像，佛像開口讓老人搬回寺廟，老人很驚訝：「強壯的古格士兵都搬不動，我一個老人搬得動嗎？」佛像回答：「只有你可以。」老人不信，伸手試了試，出乎意料

內轉山道三座寺廟的的第一座「曲古寺」。

輕易就搬動了。於是送回寺廟重新供在主殿，一直到今日。

過了曲古寺，沿著河谷繼續前行約 4.5 公里，路旁有塊馬鞍狀的石頭，是聖跡「格薩爾王的馬鞍石」，傳說格薩爾王是蓮花生大師的化身，一生南征北戰，揚善抑惡，宏揚佛法，是藏族引以為傲的曠世英雄。

我收集到的神山資料還記載著：

在這塊石頭的西面，也有一座馬鞍形山峰，傳說是格薩爾

正中間上方巨岩宛如一隻仰天長嘯的大鵬金翅鳥。

王坐騎的鞍具，懷孕婦女爬上馬鞍石山，在鞍部騎一下，然後從右下可生女孩，從左下可生男孩。

除了格薩爾王馬鞍石山外，西邊群山間還有三座造型獨特的山峰，稱為「長壽三尊」，即白度母峰、無量壽峰和尊勝頂髻佛母峰。

冬季冰雪融化的雪水從山頂傾瀉而下，如白絲絨掛壁，其中一處形似佛龕的岩穴內還會出現一條沒有聲音的瀑布，被稱為格薩爾王妻子的洗浴之處。

或許是自己沒福報，資料寫得如此清楚，但我往對面山峰看了半天，實在分辨不出聖跡在哪裡。

前行約 2 公里，到了建有公共廁所的休息站，往前有處聖跡，是塊天然顯像的巨石。一對藏族老夫妻在巨石旁休息，我用藏語問他們岩石上的顯像是什麼？他們聽到我說藏語，高興地回答：「打金！」（馬頭明王），我拿糖請他們吃，他們也拿出「羌」（藏人自製的酒）請我喝。

告別他們，沿河谷上坡，海拔逐漸增高，山路也從神山西側轉到了北側。我邊走邊持咒，有時依資料記載尋找聖跡，只是絕大多數幾乎都

這對轉山的老夫妻正在天然顯像的馬頭明王巨石旁休息。

河谷中殘留冬季的結冰未化。

找不到在哪裡？幾次問恰好經過的朝聖藏民，他們也不知道，還反問我是在哪裡看到的資料？

　　快2點時，多吉打電話給我，問：「走到哪啦？」我環顧四周，遠

遠左山坡上有房子，猜測寺廟應該快到了，但不確定便回答不知道。多吉又問：「你們超過大偉了嗎？有沒有看到他？」我聽了大吃一驚，反問：「大偉不是留在塔欽嗎？」多吉解釋9點多他要先走時，大偉看到他表示要隨他走一段，走不動了再往回撤，途中他先走，分手時有提醒大偉：「若走不動，一定要趕快下山。」

打電話給我時，多吉已經到好一會了，還沒看到大偉，不知大偉是往回走了還是怎麼樣？我聽了有點緊張，這一路走來沒看到大偉，他人呢？

邊往前走，邊東張西望找大偉，記憶中唯一的叉路出現在前方，直熱寺必須往左拐，通過一座橋，橋上風馬旗飛揚，四周空曠，風颳得特別大，又冷又急，無處可躲，很想繼續走，但又擔心落後的玉如錯過叉路，只好在橋上踱步取暖。

大約3點和玉如抵達直熱寺，比預計提早到達，在庭院裡找到早我們一步到，正在拍神山的大偉，原來是他不甘心來到神山腳卻沒轉山，想說隨多吉提早走，慢慢走，總會走到，但一路走得很辛苦，快癱軟了，全靠意志力苦撐。

寺廟在維修，住持活佛也不在，便未入內參觀。寺廟新建了招待所，很乾淨，但一床120元，我們選擇住舊招待所，一床50元而已。

此聖跡是藏族引以為傲的曠世英雄「格薩爾王」坐騎的馬鞍石。

　　直熱寺（或稱哲日普寺）供奉的是「轉山之父」古倉巴大師，寺廟所在的山峰叫「仲隆」，意思是「野氂牛出沒之地」。相傳當年大師正在找尋轉神山的道路，走到這裡，一頭很大的野氂牛突然出現在眼前，心想應是神靈化現，便追隨前行，來到一個洞頂有氂牛角印記的山洞，於是大師就在山洞住下修行，並為山洞取名「哲日普」，意思是「母氂牛隱沒角跡洞」。

轉神山途中，隨時都可看到虔誠信眾對著神山方向禮拜。

　　但此地畢竟海拔高，氣候酷寒，又缺乏食物，不宜久居，後來大師要離開時，在洞內將頭用力往上頂，留下了神奇的帽印，至今清晰猶存，他並虔誠發願，未來無論是人類或鳥類、昆蟲、動物等，只要觸及他留下的帽印，便可脫離惡趣之苦。之後，另一位大師頂欽頓珠彤美以此洞為中心，建成寺廟，而古倉巴大師及其所屬的竹巴噶舉派也在轉山道上

留下重要的記錄。

　　寺廟後方高聳的山峰，被信眾視為賢劫千宮，前方斜對面與岡仁波齊峰之間，有三座高低錯落的山峰，被視為密宗事部三怙主，也就是觀音菩薩、金剛手菩薩和文殊菩薩。

　　3點就抵達住宿地，正好可以好好欣賞神山，可惜天空陰沉，視野不清。不過，岡仁波齊那金字塔型的巨大山峰，仍然散發出一種包容萬象的遼闊之美，讓人都臣服在它的麾下，沐浴在寧謐平和的氛圍中。

　　為了減輕背包重量，我們只帶了水、乾糧、雨具和保暖衣物，招待所沒有餐廳，只有葷的方便麵，大偉最守禁忌，佐料包全沒加，只吃清湯泡麵，玉如和我則各加入一點點佐料，讓麵有點味道好下嚥。

　　萬萬沒想到，我才吃下一口，馬上反胃，一股即將嘔吐的感覺直往喉頭衝，放下筷子，連續深呼吸，想不通為何會這樣？我平常並未吃全素，只是魚肉少吃而已，照說腸胃不會這樣排斥葷佐料包才對。

　　過了一兩分鐘，再吃第二口，同樣反嘔，不敢再吃，這可怎麼辦？在物資缺乏的山區，整碗倒掉實在暴殄天物，想拜託多吉吃，結果他說飽了，吃不下。

　　方桌坐滿人，除了我們三個漢族，其他全是藏族，我硬著頭皮從對

面年輕帥哥開始,一一解釋,拜託幫忙吃,結果每個人都搖頭,他們忙著將各自帶來的青稞粉,加上酥油及茶,攪和在一起成為糌粑,再合點一大壺熱茶喝,吃得津津有味。

看我望著方便麵發呆,年輕帥哥對我揚揚手中糌粑,問:「吃過嗎?」我點點頭,他遞給我一塊,旁邊藏民也拿出自備的藏式餅乾請我吃,一位女孩又給我倒了杯熱茶,面對他們的熱情,我趕緊跑回房間拿來什錦堅果回贈。

「你們晚上也住這兒嗎?」

「不,吃完就要走了。」

「啊,只轉山一天!但現在已經4點了,今天走得到塔欽嗎?」

「可以啊,很晚才天黑呢!」*

送走他們,在走廊看到一位藏民坐在地上脫鞋襪,滿臉痛苦神情,原來腳底起了一個大水疱,我問他有藥嗎?他搖頭,我趕緊回房請玉如幫忙,玉如曾任職醫院護理長,經驗豐富,帶著她的藥箱包,很快處理

---

* 　大陸幅員廣闊,但未依格林威治標準區隔時區,而是全國統一使用北京中原時區,因此,
　　夏季的阿里晚上9點半才會天黑,愈往西愈晚。

好了，藏民滿臉感激。

　　招待所內沒廁所，臨睡前到庭院對面上廁所，奇怪，地面結霜？下雪？到處白花花地，仔細一看，啊，在飄雪！若下一整夜，明天翻卓瑪拉山就辛苦了。

從直熱寺望向岡仁波齊，左右兩峰是被視為密宗事部三怙主的其中兩座。

轉山第二天

　　昨晚睡得不錯，一覺到底，同房藏民的同伴來叫他時，才被吵醒，一看手表 4 點多。

　　5 點準時出發，不用手電筒，只靠月光及雪地反光就可以行走了，若有人打開手電筒，光亮只照到局部，其他地面反而看不清楚。

　　月光下四周白茫茫一片，完全看不出來五年前走這段路的景觀。記得往上爬，便會到一大片亂石堆，那是位於神山東北邊，阿里地區最著名最神聖的天葬場，被稱為清涼寒林。

　　在四、五千多公尺的高海拔，徒步走 57 公里的轉山道，對我們是

一種嚴苛的考驗，肉體受煎熬，但卻是一段滌淨心靈的修行路。

山路坎坷，尤以直熱寺至卓瑪拉山口之間的路段最為艱辛，海拔陡升六百多公尺。這段路上，除了開潤的山景外，還有幾處聖跡：能辨別是否孝敬父母的石穴、能辨別業障輕重的石穴、能洗盡殺戮的山泉水

清晨 5 點出發，從直熱寺至卓瑪拉山口必須攀升 600 多公尺，是轉山最艱辛的一段。

等。如今全掩蓋在白雪下。

　　原本是多吉領頭，接著玉如、大偉，我殿後，經過幾段比較陡的地形時，玉如和大偉速度變慢，走幾步就停下喘氣，我也必須止步，給予口頭加油鼓勵。

我只穿一件排汗衣及防風防水的外套，不像他們穿了保暖衣加羽毛衣，隨著他們走走停停，我身體產生的熱能逐漸不足，只感受到一個字：「冷！」到後來冷得受不了，只好在他們又停步時，快速超越，跟多吉說：「實在太冷了，我必須走快點，你陪他們慢慢走。」

　　8點半，抵達卓瑪拉山口，五年前是遍地陽光，此際太陽還未越過山嶺，我原地來回踱步等

沿著長長的風馬旗往上走，終於要抵達山口了。

候，保持動能，因為身體只要一靜止不動，便冷得發抖，全員到齊後，快速掛好祈福風馬旗及合照，然後便趕緊下山。

我同樣按照自己的速度走，下山的路比上山難走多了，大部分路段都結冰，滑不溜丟，前方藏民不時有人滑跤，我也滑倒兩次，幸無大礙。

8 點半抵達卓瑪拉山口，太陽還未越過山嶺，背陰面異常酷寒。

從山口往下，先走過一片雪原，之後大陸坡急降，一直降到山腳，我走進一間藏民經營的帳篷茶館，裡面擠滿朝聖客，大多在吃方便麵，有些喝茶，為了等多吉他們，買了瓶飲料，拿出乾糧慢慢吃。

從塔欽已經修了條車路直達茶館，從這裡開始，山道轉向神山東面，路好走多了，可以專心持咒。

前方出現以大禮拜轉山的一群藏民，地面滿是積雪，他們無論男女老少，全都毫不遲疑地一次又一次地五體投地。有位女孩手套已破，大偉於心不忍，脫下自己的毛手套送她，女孩收下後轉身和後面阿佳拉說話，

離開海拔 5640 公尺的卓瑪拉山口要下山了，先經過一片雪原。

走過雪原，右側下方有個名「托吉措」的小湖，是慈悲湖的意思，但也有人說是「洗罪池」。（杜大偉攝）

一路陡坡急降，終於要抵達平緩處了，有幾間藏民經營的茶館可休息。

我趁機問阿佳拉哪來的？原來來自阿里改則縣，共九位，我們拿錢供養，並把一些乾糧送給他們。

轉山途中的陡峭路段，連拿登山杖都不易平衡了，要如何大禮拜呢？多吉為我們說明，無法大禮拜的地段，藏民會拿繩子丈量長度，等到了平緩處，再依繩長補足大禮拜。早年我走滇藏公路和川藏公路時，半路遇到長程大禮拜到拉薩的藏民，也曾好奇問：「遇到河流怎麼辦？」答案是搭船過河，目測河面寬度，到對岸後，再原地大禮拜補足距離。

呵，全天下應該找不到比藏民更虔誠更可愛的人了！

互相祝福後告別，沒多久看到一群藏民坐在路旁休息，我主動笑著打招呼：「札西德勒！」他們也此起彼落回覆，有一年輕女孩把她正在吃的東西遞給我，說漢語：「阿姨，吃嗎？吃嘛！」

年輕女孩叫次仁德吉，很活潑，知道我是第二次來轉山，也有藏名後，很高興地邀我和他們一道兒走，邊走邊聊，他們一行十人來自薩嘎，因為有老年人，兩天轉一圈，共要轉三圈。我聽了豎起大拇指稱讚。

次仁德吉看到我手中的計數器，問我是什麼？我示範給她看，念一遍〈嗡瑪尼唄美吽〉，同時按一下計數器，再念一遍再按一下，看到數字不斷累積，她驚喜地喊大家來看，瞬間所有人將我團團圍住，興趣盎

以等身長度五體投地，傳達心中對神山的尊崇敬意。

大禮拜是最虔誠的朝聖方式,轉神山一圈約需十五至二十天。

但願我們送的毛手套和一小袋乾糧,能為
她們帶來些微的溫暖。

大禮拜轉山者的睡具和乾糧,全靠這輛摩托車運載。

一路都有用小石頭疊高的瑪尼堆，是藏民祈福的一種方式。

然看我示範。

「你邊走邊念喔？」

「對啊，我一人走時，就不斷持咒。」

「那你還會念什麼？」

我先誦〈蓮師七句祈請文〉，才誦第一句，其他藏民也紛紛加入，聲音有高昂有低沉，迴響在轉山道上，頓時感覺神山的天人、非人都在微笑看著！

誦完，大家興致高昂，有人又問我：「你還會誦其他的嗎？」

我不看法本最會唱誦的就只有〈聖八吉祥頌〉了，這是寧瑪派在修法一開始必

有些父母帶著小孩一同轉山，累積孩子的福德資糧。

誦的祈請文，共有四十句，我清清喉嚨，開始用藏語唱誦：「嗡，顯有清淨自性任運成，安住吉祥十方佛剎中，佛陀正法並賢聖僧伽，悉皆頂禮願我等吉祥……。」前後左右的藏民都聽得笑逐顏開。

我當然明白他們為什麼會如此高興，同時心中也感到一點痠痛。

中國政府鼓勵漢人大量移民西藏，拉薩已被戲稱為「小成都」，走在街上聽到講四川話的機率高於講藏語。無論是在藏區開店、工作或移民定居的漢人幾乎都不學藏語，他們占優勢有恃無恐。

因此，藏民只要聽到漢人會說一點藏語就很高興，在他們單純的想法裡：願意學藏語說藏語的漢人，一定是認同他們的。若是聽到漢人會用藏語念誦咒語或經文，就更讓他們高興了，因為那表示這人也是佛教徒！

全身長綠毛的奇僧

　　次仁德吉一群因有幾位老者，走一段後再度停下休息，我告辭先走，獨自走恢復專心持咒。

　　途中又路過一間茶館，繼續前行，來到內轉道第三座寺廟的叉路，路旁左右立了三個指示牌，我看了差點笑出來，一寫「仲哲普寺」，一寫「尊珠寺」，一寫「遵追普貢巴」（貢巴係藏語，指寺廟），而我在查資料時還看到「尊哲普寺」，四個譯名全指同一間寺廟。

　　前後每位藏民都往坡上的寺廟走，我停步猶豫，原本答應多吉不參拜，直接趕路下山，但這會兒他們還落在後面，不見人影，我想我快速

參拜再下來和他們會合，時間應該差不多。這樣一想，趕緊三步併作兩步隨著藏民往上走。

尊珠寺坐落在神山正東面，坐西朝東，主供即身成佛的高僧密勒日巴，他曾在岡仁波齊轉山、修行，擁有飛行、變幻等各種神通。寺名藏語的意思是「神通幻術洞」，之所以如此稱呼，便是因為密勒日巴曾運用神通於此變出巨大石穴，留下很多手印、腳印和頭印。

寺廟外側正在施工整修，繞道進入大殿，幾位藏民正對著裡側牆角一個小洞行大禮拜，有位僧人站立一旁，我向他請教，確認這便是「密勒日巴」（或譯米拉日巴）修行洞。我從背包拿出白色哈達，先行三個大禮拜，再手捧哈達入洞，洞不大，要略為彎身才能進去，洞內供奉著一尊

尊珠寺外側綁著五色風馬旗的多邊形大石，據說是密勒日巴和那若本瓊鬥法留下的。

密勒日巴小塑像，我跪立恭敬地獻上哈達，祈請尊者賜予加持，讓我能如他一般精進修持。

　　密勒日巴是 11 世紀一位偉大的瑜伽士，一生有如一部傳奇故事。他出生在一個富有家庭，七歲時，父親得重病過世，伯父、姑母不但霸占財產，還凌虐他們母子，村民沒人幫他們，母親忿恨難平，等密勒日巴長大成人，要他去學咒術回來復仇。他學成施咒那天，伯父正在為長

尊珠寺殿內，點了一排酥油燈的角落就是密勒日巴修行洞。

子娶媳婦大擺宴席，在場三十多人全被房屋壓死；之後再奉母命施法降下冰雹，毀掉全村即將收成的農作物。

事後，密勒日巴良心飽受煎熬，對自己的作為產生極大後悔，對生命輪迴之苦也產生了厭離心，希望能棄惡從善，修習正法。求法過程中，遇到和他有宿世因緣的上師馬爾巴，他皈依馬爾巴後，馬爾巴為淨除他的罪業，百般折磨、刁難他，密勒日巴遵循師父吩咐，忍辱負重，毫不退轉，終於通過層層考驗，最後馬爾巴才傳法給他，他依上師教誨口訣，精進修行。

密勒日巴來到札迦蘇（白崖窟）修行，並立下誓言：「如不獲得殊勝證悟，就永遠住在此山中。縱然餓死，也不為乞討食物而下山；縱然凍死，也不為尋找衣服而下山；縱然寂寞而死，也不為尋求逸樂而下山；縱然病死，也不為尋求醫藥而下山！」沒多久，準備的食物吃完了，只吃長在山洞外的野生蕁麻，長此以往，衣服殘破，骨瘦如柴，膚色變得像蕁麻一樣，還長出綠茸茸的毛。

說「蕁麻」很多人不知道是什麼東西，若說「咬人貓」可能知道的人多些。只要在臺灣中低海拔爬過山的人都認識咬人貓，又叫刺草。這種植物，葉片像心形，邊緣有雙重鋸齒，整棵都有小小尖銳的刺毛，如

果不小心碰到，皮膚會又癢又腫又麻又痛。

　　看到這，很多人會發出疑問：「那這能吃嗎？」

　　老葉刺多當然不好吃，只有每年初春剛長出來的柔嫩葉片好吃，逛一下拉薩市場就買得到，可直接當作青菜炒來吃或是加入犛牛肉和米一起煮成粥。不過，密勒日巴當時也無所謂好吃不好吃，只要能充飢就行。

　　話說有一天，幾個獵人無意中經過山洞，看到密勒日巴，嚇得拔腿就跑，事後壯著膽子再回來一探究竟，得知他是精進修持的苦行僧後，送給他一些肉和糌粑。獵人下山後四處宣揚，密勒日巴的妹妹聽到訊息，特地前來探望，當看到哥哥的模樣後，忍不住嚎啕大哭，懇求密勒日巴隨她下山回家，密勒日巴安慰她，

因乾旱，藏地的蕁麻長相瘦小，不同於臺灣山區的肥厚。

還唱了一首道歌：

我快樂，親眷不知道，我愁苦，敵人看不清。
若能死在此山中，瑜伽行者的志願就完成。

聶拉木修行洞供奉著密勒日巴塑像。

密勒日巴持續精進修行，最終得到了即身成佛的大成就，據說他四十年不離座，還能騰空飛行。弘法時慣以詩歌方式唱出佛法要義、修行口訣，成為口傳著作《密勒日巴證道歌》，流傳至今。

密勒日巴也曾長期在中尼邊境的山區閉關修行，2013 年我走中尼公路時，特地前往參訪另一個密勒日巴

修行洞，現已建了間小寺廟，位在懸崖中間向河面突出的岩壁位置，修行洞就藏身在寺廟大殿中。

修行洞外側一塊巨石上有個很大的腳印，深入石中 1 吋多，據說是密勒日巴的腳印。修行洞的洞口很小，陽光照不進去，裡面只有微弱的燈光，中間有根水泥柱撐住頂上巨石，佛桌上玻璃櫃內供奉著密勒日巴的塑像。資料記載岩洞頂上有密勒日巴留下的手印，離手印不遠，岩石被劃開一道很深的裂隙，是密勒日巴用手杖劃過留下的痕跡，但因光線暗，看不清楚，上面又黏貼了信眾供養的紙鈔，也不方便用手去觸摸。

走出尊珠寺，寺南不遠有一塊多邊形的大石頭，據說是那若本瓊在鬥法中用這塊石頭扔向密勒日巴，密勒日巴輕輕接住放下。

快步往坡下走，接回山道，意外看到多吉獨自一人走過來，原來大偉運氣好，花 200 人民幣搭便車下山了，多吉說他有問玉如要不要也搭車？玉如說她走下山沒問題，只是走得慢些，叫多吉不用等她。

多吉說那他要先走了，他走後，我才後知後覺想到：「嚮導怎麼可以不陪隊員？我們可是付了每天高達人民幣 500 元的嚮導費啊！」

到塔欽還有 12 公里，我往前走了一段，愈想愈不對，怎能讓玉如一人在後面慢慢走？便找了塊石頭坐下持咒等候，好一會她終於出現。

　　玉如告訴我她幫了好多藏民，先是有一位阿嬤跌倒，摔斷手臂，幸好她帶了彈性繃帶，幫阿嬤包紮及作三角巾固定，然後請阿嬤趕快下山就醫，她說：「那個阿嬤好厲害，一隻手受傷，但走得比我還快。」

　　其他藏民看到她有藥，都來排隊請她擦藥，有腳破皮、起水疱、腳痠、腰痠，擦完藥還有人跟她要藥，想帶回去給家人擦。我聽後覺得她真是功德無量，那個畫面光用想的就很感人。

　　兩人同行，途中又看了幾個聖跡，仙女起舞處、五部空行母腳印、獵人貢布多吉和獵狗腳印、神犛牛腳印等，有點奇怪，記得 2010 年轉山時沒看到這些，難道是我記錯了？還是這是人為新造出來的聖跡？

　　快 5 點半時抵達內轉道的出口「宗堆」，走出檢查哨，我向玉如說：「玉如，圓滿完成轉山了，只剩最後到塔欽的 4 公里碎石路。加油！」玉如高興得抱著我大叫大跳：「圓滿了，好高興喔，阿姊，我們來大迴向吧！」兩人對著神山方向，雙手合十，各自虔誠迴向。

　　最後這 4 公里碎石路，2010 年轉山時，有隊員不願再走，導遊打電話請師傅開車來接，我則堅持：第一回轉山的起點和終點要合一才算圓滿。我獨自走完全程。

　　那年氣溫較高，遠遠看到塔欽就在前方，卻一直走不到，錯覺是海

藏民告訴我尊珠寺對面這片山峰也是聖跡，是隻大鵬金翅鳥的頭。

市蜃樓，到後來走得又熱又累又餓又渴，直到看見前面匍匐在地做大禮拜的藏民，所有的勞累飢渴剎那消失，藏民的虔誠激發了我的力量。

今日再走這段相同的路程，或許是這幾年來的持續修行，稍微有了一點成效，心平氣和，一路持咒前行，走得身輕如燕，心如明鏡。

最後 4 公里碎石路，回拍以大禮拜轉山的藏民。

神山靈犬

　　2010 年轉神山是在藏曆 4 月尾，天氣暖和些，沒遇到下雪，好走多了。在兩天轉山裡，除了對神山留下震撼印象，最讓我難忘的是一隻黑狗，一開始我沒特別留意牠，因為同時有好幾隻狗跟著，忽前忽後，我們以為是流浪狗，走了一陣後，我才發現這隻黑狗主要跟著我，中途雖然也會跑去和其他狗玩，但沒一會就又回來我身旁，我停下休息，牠也停下，安靜趴著，我休息夠了開步走，牠也立刻起身跟著走。

　　小時候家中養過土狗，婚後應小孩要求又養過一隻牧羊犬，是來自英國謝德蘭群島的牧羊犬種，非常聰明，我和狗也算有因緣吧。仔

伴我走了一程的黑狗，被我取名「古魯」。

轉山第一天即將抵達直熱寺時，隊友幫我和
古魯攝影，背景為神山。

細看這隻黑狗，不太像是野狗，毛髮乾淨順滑，全身黑色，只有四隻
腳、臉頰、下巴是白色，眼睛上方並有很特別的兩個白點，看牠一路
跟著我登高，精神抖擻，步伐穩健又俐落，應該很年輕。

　　其中一次休息時，我望著靜靜躺在我腳旁的牠，用手輕輕撫摸牠的
毛髮，不知為何聯想起「蓮花生大師」（通常簡稱蓮師），我皈依寧瑪
派上師修行，蓮師是寧瑪派的創派祖師，出發轉山前我不斷向蓮師祈請

加持，蓮師曾對弟子承諾：「任何對我有信心的人，我都會守護在他的身邊。」我一路憶念蓮師，那麼，黑狗會不會是蓮師的化身？

蓮師有好幾個名號，其中一個是「古魯仁波切」，於是我給黑狗取了個名字，叫「古魯」。

在海拔四、五千公尺的地方徒步，氧氣只有平地一半，身體非常容易因氧氣不足而感到疲累，但我只要看看相伴在一旁的古魯，再誦幾回〈蓮師七句祈請文〉，精神就恢復了。

轉山第一天我們住宿在直熱寺招待所，狗不讓進，古魯徘徊在招待所外牆，晚餐我們吃麵，沒東西餵狗，我分了一些麵給古魯，可能是餓了，牠唏哩呼嚕一下就吃光了。

臨睡前，我在室外四處找不到古魯，很擔心半夜氣溫低，牠要如何度過？只能祈禱牠憑藉本能，已經找到一處避寒之處了。

第二天一早，我們看完日出要出發時，古魯又出現了，我喊牠，牠立刻跑過來我身邊，繼續一路跟隨，上卓瑪拉山口的山路很陡，有一段還遍布亂石，古魯走在我前方，輕地巧閃避尖銳的石頭。

終於抵達最高山口，大家忙著懸掛風馬旗，撒風馬片，拍照留念，我也想和古魯合照，卻前後左右看不到牠，這才發現牠不見了！最後一

將要抵達山口的最後一段路布滿大小岩塊，崎嶇難走。

段路因為很陡，我低著頭氣喘如牛邁步，沒注意牠，難道牠迷路了？不可能，轉山人那麼多，隨便找個人跟就跟上來了。那會是摔跤受傷無法行走？好像也不可能。那為什麼不見了呢？

　　前後左右找不到牠，我往回走了一小段，問後面上來的轉山者，也都說沒看到狗。

我百思不解，為何古魯會憑空消失？

下山途中，我不時回頭，盼望會看到古魯的身影再度出現，卻是從此未再相見。

回到臺北整理照片時，才發現轉山第一天早上，剛抵達經幡廣場，在我還未察覺到古魯的存在前，牠就被我拍進照片中了。唉，是我自作多情嗎？為何我感覺牠那姿態那神情，彷彿牠就一直站在那裡等候，只為了陪我走上一程。

後記：後來看到卓瑪拉（藏語，度母的意思）山口的資料，當年轉山之父古倉巴大師在尋找轉山路時，來到山口附近，猶豫不知該如何走，忽然前方出現二十一隻黑黝黝的狼群，直視著他，大師很快領悟到二十一隻狼就是二十一度母的化身，來給自己指路的，於是跟隨狼群前進，即將抵達山口時，二十一隻狼瞬間逐一隱沒，不見蹤影。

或許，古魯也正是蓮師化身，引領我順利到卓瑪拉山口的吧！

回到臺北整理照片，才發現早在經幡廣場，我還未察覺到古魯的存在前，牠就被我意外拍進
照片中了。

三
大
好
人

　　轉山回到塔欽，和玉如直接進餐館好好地吃了一頓，然後回到孔雀賓館，歸還老闆借我們的登山杖，我順便幫老闆拍照，因為他也是「三大好人」之一。

　　打從第一天接機時，多吉和格桑師傅就對我們說「三大好人」的故事。

　　他們說去年淡季時，有位臺灣女孩佛教徒要來阿里朝聖寺廟，事先聯絡好也付了訂金，由他們倆負責接待，到了臨接機前兩天，女孩從日本打電話聯絡（她因故先到日本再轉飛西藏），說是錢包遺失了，雖然有機票，但她沒有足夠的錢付尾款及朝聖期間的食宿，因此不來了。

　　他們聽到對方有點要哭的語氣，覺得真是可憐，兩人商量反正淡季嘛，也沒接其他團，就叫她還是來，尾款不用付了，一樣帶她朝聖。

　　於是，女孩來了，一路省吃儉用，三餐有時就由多吉和格桑師傅請客，住宿就找藏人經營的旅館，說明她的情況，請老闆算便宜點。當時，有三家旅館的老闆不僅不收一毛錢，來回程都提供她免費住宿，還熱情招待餐飲。

日喀則「康勛賓館」老闆娘邊巴卓瑪。

　　三家旅館的老闆分別是日喀則「康勛賓館」老闆娘邊巴卓瑪；薩嘎「倫布崗日賓館」老闆娘白珍；塔欽「孔雀賓館」老闆達瓦瓊達。

　　這一路過來，我們也住宿了這三家旅館，見到老闆，我們提起這件事，再度替同胞感謝他們，玉如更拿出臺灣茶葉及佛教小吊飾送他們，以示敬佩及結緣，三人都很客氣地表示這沒什

薩嘎「倫布崗日賓館」老闆娘白珍。

麼，小事一椿，有緣遇到就是朋友！

多吉強調，雖說一晚住宿沒多少錢，但並非每間旅館的老闆都願意幫忙。我和這三位老闆是初識，相處時間很短暫，但也從一些小事看出他們都有一顆善良的心。

中尼邊境口岸「樟木」居民，受 4 月和 5 月尼泊爾二次大地震影響，全鎮撤退到日喀則暫住，康勛賓館老闆娘不時會抽空為他們送飯菜；塔

塔欽「孔雀賓館」老闆達瓦瓊達。

欽孔雀賓館老闆自備了很多登山杖，免費提供給轉山的客人使用；倫
布崗日賓館老闆娘全家都吃素，賓館附設素食餐廳很久了，連多吉和
格桑師傅都很誇獎她，因為在藏區吃素又經營素食餐廳，是很不容易
的堅持。

　　從他們身上我學到了「莫以惡小而為之，莫以善小而不為」。

白與黑

　　瑪旁雍措聖湖及拉昂措鬼湖雖然離塔欽不遠，但依師傅建議，返程參觀在時程安排上比較順，所以，我們是在返程時才前往。

　　記得上回來時，最佳拍攝地點是位於聖湖邊山丘上的基烏寺，據說蓮花生大師曾在此降魔伏妖逗留過七天，至今還保留著他的修行洞，寺廟規模很小，但居高臨下，是俯瞰聖湖的最佳位置。

　　基烏寺是環繞瑪旁雍措聖湖四周的八座寺廟之一，加上岡仁波齊神山外轉道和內轉道的五座寺廟，神山聖湖區一帶寺廟比率之高，可以看出藏民對神山聖湖的景仰與嚮往。

基烏寺位於山丘上，是俯瞰聖湖的最佳位置。

　　以前不用門票，如今基烏寺已被圍在收費區內，為省門票，繼續開往普蘭方向，遠遠和湖有段距離，公路邊立著一石碑「瑪旁雍措濕地自然保護區」，風馬旗飄揚，師傅停車讓我們拍照，一下車，瞬間風速強大，幾乎無法站穩，風馬旗後面往湖的位置全被圍上鐵絲柵欄，禁止遊客靠近湖邊。

　　來到另一處往湖邊的小查票口，因為風大，查票員躲在小屋內，師傅下車發揮「魅力」，靠在小屋窗口，和裡面的人嘰嘰咕咕說話，結果，不用門票就讓我們進去了。

　　我們好奇地問師傅：「是你認識的人嗎？」師傅回答：「不認識啊，我就跟他說你們不是遊客，是佛教徒，只是要到湖邊取一點聖水，馬上就會離開。」我們四人大力拍手：「哇，師傅好棒喔！」師傅又補了一句：「通常查票員是藏民的話，都會給進的，如果是漢人查票員就甭想了。」

　　聖湖位於岡仁波齊峰和喜馬拉雅山的納木那尼峰之間，玄奘《大唐西域記》稱它為「西天王母之瑤池」，早期苯教也有不同稱呼，11世紀，佛教與苯教鬥法獲勝後，才稱「瑪旁雍措」，意思是「永恆不敗的碧玉之湖」。

我們繞過護欄從下方沙灘到
湖邊取聖水;遠方雪山為納
木那尼峰。

不少斑頭鷗翱翔在聖湖上空。

拉昂措岸邊堆滿大小不一的烏亮石頭。

　　藏民相信瑪旁雍措的水是八功德* 俱全的甘露，喝了能洗淨罪孽，
印度朝聖者還認為一定要在湖中沐浴淨身，才能洗禮靈魂。

　　我們走到湖邊裝聖水，先喝一小口，果然甘甜，湖面有許多斑頭鷗

* 　八功德水在不同佛經中所指略有不同，或指甘、涼、軟、輕、清淨、不臭、益喉、利腹；
　或指澄淨、清冷、甘美、輕軟、潤澤、安和、除飢渴、長養諸根。

悠遊，時而來往覓食，時而展翅翱翔，時而靜立不動，為空寂的湖面增添了幾許生命的歡欣，但風實在大得受不了，拍了照，趕緊離開，前往拉昂措。

若從拉昂措繼續往南開，神山和聖湖會再度一起入鏡。

　　海拔 4574 公尺的拉昂措與海拔 4588 公尺的瑪旁雍措隔沒多遠，據說二湖水域相通，但藏人對拉昂措不像對瑪旁雍措那樣景仰，甚至還有點畏懼，給它取了個外號叫「鬼湖」，透露出人們內心的嫌惡。當地有個說法，這兩個湖像兩顆心，一白一黑，白的當然是瑪旁雍措，黑的就是拉昂措；前者是淡水湖，可以飲用，後者是鹹水湖，苦澀難飲。

　　但來過兩次，我卻偏愛拉昂措，總覺得它雖然不如聖湖雍容華貴，卻更具生命力，拉昂措最特別之處，是像海不像湖，面積雖然比瑪旁雍措小很多，但站在湖邊一眼望去，拉昂措就像汪洋大海，波瀾壯闊，大浪一陣又一陣沖刷著岸邊石頭，堆滿漂亮小石頭的湖岸線緩緩伸向遠方，宛如一條織錦的絲線為湖面鑲框。

　　蹲在湖畔攝影後，我凝視著那浪花，水是浪，浪是水，水和浪本就沒什麼分別，再大的波浪，當它最後力道盡了，自自然然就會退後，回歸到湖中。正如上師也把我們的妄念和煩惱比喻為波浪，當它們產生時，只要靜靜看著，不要隨之起舞，最後它就會自己消融。

　　寒風不斷，冷冽刺骨，抬頭望向北方遠處如金字塔般的岡仁波齊，靜靜矗立，如如不動。神山若能言語，當也會笑我們凡夫：聖湖、鬼湖不都是湖？

公路往南約數十公里就到邊境城市普蘭，孔雀河悠悠流過，肥沃了土地，使普蘭成為阿里少
數能種植農作物的地方。圖左側紅牆屋舍即阿里地區著名的柯加寺。

羊糞上的清涼

　　宣林留在塔欽沒轉山，我轉山下來後特地問她：「這兩天過得還好吧？」她回答：「很好啊，除了作自己的修行，看完你借我的書，還去參觀了一個聖跡。」「聖跡？除了神山聖湖，塔欽附近還有其他聖跡嗎？」「格桑師傅知道我對竹巴噶舉有興趣，他帶我去的。」

　　趕在今早要上路前，請格桑師傅再次帶大家去，師傅開到村子邊緣一棟廢墟旁，指著被羊群占據的廢墟說：「就是這裡！」

　　啊，大前天前往內轉道試走及昨天外轉神山回塔欽都有經過這裡，這棟近乎傾毀的房屋，屋牆主要都用石塊堆疊，非常特別，和鄰近其他

在廢墟旁，看到這幅美
麗的人文景致。

屋舍全然不同，但我當時也只對它多看了一眼而已，以為不過是一棟曾
經別致的老房子，萬萬沒想到它也是一處聖跡，格桑師傅說這是竹巴噶
舉派第一世法王章巴加雷建的寺廟。

　　多吉和我們一樣嘖嘖稱奇，感到不可思議。這一路上，他已經被我
們虧了好幾次，因為好些時候格桑師傅比他還像導遊，畢竟師傅跑阿里
已有幾十年經驗，見多識廣，而且還是個虔誠的佛教徒。

　　牧羊人看到我們對這棟廢墟興趣盎然，主動把羊群趕開了一些。我

廢墟裡外都是羊群。

們走入廢墟中,地面到處都是羊糞,後方坍塌下來的石塊堆成半樓高,往旁繞行,有一小空間還有屋頂,斑剝牆面隱隱約約可看出畫有壁畫,大多模糊不清,橫樑和直豎木柱腐朽老舊,看似隨時都會倒塌,大家不敢久留。

　　重回陽光下,眼睛一下子無法適應,心理上也對這裡曾經是寺廟而

斑剝牆面隱約可見壁畫，大多模糊不清。

今成羊舍有點無法接受，就算滄海桑田，人世變遷，但在全民信佛的雪域西藏，寺廟怎麼會變羊舍？實在有點匪夷所思。

我對竹巴噶舉完全沒概念，僅知不丹的藏語叫「竹」，不丹人就叫「竹巴」，宣林為大家介紹了一些，返臺後我才查閱了資料。

目前已傳承到第十二世竹千法王的竹巴噶舉，創立者是觀世音菩薩

及那洛巴尊者化身的章巴加雷（1161～1211），據說他祖先是護送文成公主入藏的漢人，所以他有漢族血統，他一出生，全身覆蓋著一層薄膜，像是一個肉球，父母嚇壞了，丟下他，逃離家，一隻由智慧空行母化身的禿鷹飛來用寬大的翅膀保護他，直到他破膜而出，他一出薄膜，就伸出雙腳，在岩石上留下深深的足印。

章巴加雷成為大成就者後，依上師囑咐，前往南藏衛區建立一所修行道場，當他到達時，有九條龍飛躍在空中，傳來如雷吼聲，瞬間花雨降落，因為這些吉祥徵兆，章巴加雷決定把傳承命名為「竹巴噶舉」（龍的藏語叫竹），並在當地興建了一所寺院，稱「南竹寺」，意思就是「天龍寺」。

章巴加雷的傳承因為清淨、樸實、苦行的美德以及深奧獨特的修持法而聲名遠播，據說他有八萬八千名卓越的弟子，其中二萬八千人是開悟的瑜伽士。竹巴噶舉全盛時期，教法廣傳至不丹、拉達克、尼泊爾、蒙古等地，在藏區還流行一首諺語：

> 一半的藏人是竹巴傳承修持者，
> 一半的竹巴傳承修持者是行乞的苦行者，
> 一半的苦行者是成就者。

　　章巴加雷的上師林熱巴曾派他到當時已名聞遐邇的岡仁波齊神山弘揚竹巴噶舉派，但真正在神山一帶奠定堅實基礎的是章巴加雷的弟子古倉巴，章巴加雷派古倉巴到神山苦修及廣傳教法，古倉巴憑藉堅強的毅力，長期在神山周圍探尋轉山路，今日轉山朝聖者所走的路線據說就是由他開創而成的，因此，他被稱為「轉山之父」。

　　這樣看起來，羊舍寺廟最早的興建者，比較有可能是古倉巴。但無論是誰在古久前建了這座小寺廟，縱然現已毀損，布滿羊糞，但也不會煙滅此處曾經是個說法誦經地的事實，一定也曾經有無數眾生在此同霑佛法清涼……。

蛋黃衣領

　　從塔欽出發往阿里方向 65 公里後，抵達設有檢查站的「門士」，拐左南行 9 公里就是位於象泉河畔的扎不日溫泉和芝達布日寺，上回免費參觀，現在變成要收費了，收費站旁還立了一個大型看版「芝達布日寺景區導覽圖」。

　　車子按規定停在收費站停車場，步行進入，右側是溫泉，可以驅病消災，治療效果極佳，寺廟位在小山丘上方，必須爬坡，海拔高，氧氣稀薄，大家走得慢吞吞地。

　　芝達布日寺由寧瑪派高僧多扎喇嘛曲尼桑布創建，按照寧瑪派根本

扎不日溫泉可以驅病消災，治療效果極佳。（攝於 2010 年）

寺廟位在山丘上，爬坡途中回望象泉河。

教法「大圓滿」的說法，此地是多吉帕母（金剛亥母）的宮殿，蓮師曾於此修行，難怪有人形容若將神山聖湖比喻為一顆雞蛋，那麼芝達不日寺就等於是蛋黃，轉神山之前或之後必須到這裡朝拜。

另外，藏語還有一句老話：「朝拜岡仁波齊不去芝達布日，如同新衣沒衣領。」不過這話我聽過很多次，只是換了寺廟名。

寺廟後來改宗噶舉派，但仍主供蓮花生大師塑像，寺外有一大圈瑪尼牆，傳說是魔鬼向蓮花生大師射出一支箭，大師中止了箭的飛行，並將它化為這道牆。

寺廟和我記憶中不一樣，我感到困惑，問了多吉，原來是翻新擴建，目前有十多名喇嘛。入內參觀，每一殿都不准拍照。

回想 2010 年來時，寺廟小小的，當地人都稱它為「蓮花生寺」，當時只有一位著便服的僧人和一位在家居士，因為平日很少外人前來參觀，他們非常熱情，主動取出鎮寺之寶白海螺，坐在寺前的台階上吹奏許久，表示歡迎，如今白海螺高高供奉在壇城上，只能遠觀，對照五年前情景，真是不勝感慨！

心中有點莫名的失落，無言返身離開，走出大殿，再次和入門左右兩側新彩繪的四大天王相望，四大天王又稱四大金剛，是佛教著名的

位於寺外的一大圈瑪尼牆及各式小佛塔。

護法神，在臺灣廟宇也常見到，大多是立體的交趾陶和石刻，但在西藏
則以平面的唐卡和牆面彩繪為主，只有山南地區的桑耶寺（西藏第一座
佛、法、僧俱全的寺廟）是在大殿外的四角空地，以紅、綠、黑、白四
座舍利塔，象徵四大天王。

2010 年，一位著便服的喇嘛
和在家居士，吹奏白海螺歡
迎我們。

　　四大金剛好似在提醒我：「這世間不就是如此這般無常嗎？沒有什
麼是永久不變的啊！」

　　往回走時，山腳下公路旁緊捱著崖壁有間大門深鎖的小殿，來時看
到，還在猜測裡面供奉什麼？返程大家前後分散，走得懶洋洋地，一位
年輕喇嘛從另一側冒出來，走在最後面的大偉和喇嘛遇個正著，他和喇
嘛打招呼，聊了幾句，然後大聲喊住走在前面的我們：「師姊，喇嘛有
鑰匙可以開門，他問我們要不要參觀？」

　　當然要啊，趕緊往回走，隨喇嘛進入，經過介紹，原來資料上記載

金剛亥母修行洞以木雕彩繪莊嚴保護。

的「金剛亥母修行洞」就藏身在這間小殿裡。被譽為「諸佛之母」、「一切智慧之母」的金剛亥母，藏語叫「多吉帕母」，因其頭上有一豬頭，豬屬亥，因此稱為金剛亥母。

　　熱心的喇嘛不僅有問必答，還允許我們拍照。剛剛於嶄新主殿堂那裡感受到的失落感，在小殿獲得了補償。這還真應了西方著名諺語所說：「當上帝關起一扇門，必定會再為你開啟另一扇窗。」

穹窿銀城之謎

　　從芝達布日寺往西十多公里便是阿里地區唯一的苯教寺廟古如甲寺，按照官方規定，古如甲寺和更往裡的曲龍寺都未對外賓開放，這表示臺灣人不能前往，幸而透過多吉朋友關係，得以順利參觀。

　　一路沿著象泉河而行，這一帶河谷兩側山上，有不少荒廢的洞穴，是古象雄王國的遺跡。王國鼎盛時分為內、中、外象雄（或稱上、中、下三部），全地域建有四大城堡，穹窿銀城城堡、普蘭猛虎城堡、門香老鼠城堡和麻邦波磨城堡，傳說這裡就是內象雄（即上部，大約相當於今日阿里）中心穹窿銀城所在，而苯教始祖辛饒米沃（生卒年不詳）也

遠望古如甲寺全景（旁邊有幾間是民房）。

誕生於這一帶，可以說這裡就是苯教的發源地。

　　在苯教的經典中，卷首經常記載：「象雄語如何說，藏語如何說。」這表示象雄有自己的語言文字，但象雄真正的位置到底在哪裡？長期以來一直眾說紛紜，連帶地，都城穹窿銀城也無法確定位置。

　　《敦煌吐蕃歷史文書》中《贊普傳記》記載，松贊干布將妹妹薩瑪噶嫁給象雄王後，曾派人前去探望妹妹，薩瑪噶唱歌回應：「我嫁來之地啊，是穹窿銀城堡，大家都說地域寬廣，從外看是險峻山崖，從裡看是黃金寶石，從外看蒼白又崎嶇……。」尋找穹窿銀城遺址的專家便把歌詞中的描繪視為重要依據。

古如甲寺是阿里地區唯一的苯教寺廟。

　　目前最爭議的二個地點是噶爾縣門士鄉卡爾東遺址和扎達縣達巴鄉曲龍村;卡爾東遺址原本屬曲龍村,後因行政區重畫,才變成不同縣。

　　古如甲寺和卡爾東遺址相鄰,後方山坡到處都是修行洞穴,著名的苯教祖師珍巴南卡(生卒年不詳)修行洞「雍仲仁欽洞」就位在旁邊山崖,如今建有幾間小屋,經幡飄舞。珍巴南卡是象雄王的兒子,傳說他

長了三只眼睛，在此修行了三百多年，虹化後，從打坐處長出一個與他一模一樣的石像，這個石像就在卡爾東遺址。

　　古如甲寺的大門朝東，約 1 公里外那座高約百公尺的小山頭便是卡爾東遺址。一眼望去，是座十分普通的土山，右邊有土路車道可上到山頂，可惜我們的車爬不上去，山頂目前還在進行文物挖掘，專家認為這

苯教祖師珍巴南卡修行洞「雍仲仁欽洞」位在山崖上。

大殿木門雕刻華麗,寺頂以符號「卐」和大鵬金翅鳥代表苯教。藏人不分教派,均視大鵬金
翅鳥為神鳥,可以消除一切障礙,增長福、祿、壽、財和智慧。

裡便是穹窿銀城所在。

　　穹窿銀城的「穹窿」(漢字也有人寫成瓊隆)是指什麼呢?這句話
藏語讀「穹窿威卡爾」,穹是大鵬鳥的意思,窿是地方的意思,穹窿就
是指有大鵬鳥的地方,威是銀子的意思,卡爾是城堡、要塞的意思,若

整句漢譯就是「大鵬銀城」，但最早的翻譯者不知為何將前二字音譯，後二字意譯，就組合成「穹窿銀城」。

　　古如甲寺的苯教僧人確信寺廟所在就是穹窿銀城，一路守護。但其實這間寺廟歷史並不悠久，珍巴南卡的轉世晉美大師於 1936 年才創建。

　　苯教原本發源於阿里地區，自從佛教興起，10 世紀後，苯教逐漸被排擠出阿里和衛藏，轉移到藏北藏東，今日的那曲和昌都地區，苯教依然盛行。晉美大師出生在那曲巴青縣，成長於苯教環境中，十四歲出家，雖然是正宗苯教徒，但非常開明，佛、苯雙修，不存門戶之見。

　　學成後，他雲遊四方，到處修行弘法，當他遊歷到神山岡仁波齊和聖湖瑪旁雍措，看到苯教發祥的這片土地上沒有一座苯教寺院，也幾乎沒有苯教徒，十分痛心，發願要建寺重振阿里苯教。1936 年建了古如甲寺後，在阿里地區中斷千年的苯教傳承，才重新再續，大師成為苯教後弘期在阿里復興苯教的第一人。

　　他為什麼選擇在這裡建寺呢？除了因為這兒有珍巴南卡大師的修行洞，更因為他確信「卡爾東」就是傳說中的象雄王宮穹窿銀城。

　　古如甲寺在文革期間被毀，1983 年重建，現有十名喇嘛，登記在案的現存經典超過兩萬冊，其中苯教經卷大約一半，其餘則是藏傳佛教格

魯、噶舉、寧瑪等教派的重要經典。

我們到時，大殿正在整修，裡面只有工人和堆滿地面的各式工具，走到副殿，意外遇到北京社會科學院的工作人員，他們已經連續好幾年固定來此，協助出土文物的整理、修復、調查，其中一位為我們解釋說明此寺的歷史及當年動土時挖到文物等經過。

角落有一尊石佛，看起來殊勝古樸，大偉問工作人員：「可以拍照嗎？」被以帶著權威的語氣拒絕：「不行！」語氣讓人有點不以為然，我乾脆直接用藏語問一旁僧人能否拍照？僧人很客氣地回答：「佛像可以拍，但堆放在地面的文物不可以拍。」四人歡喜地拍照，僧人還特別指出佛像頭部後面有一個代表苯教的

挖掘出土的古樸佛像，頭部後面有一個代表苯教的符號「卍」。

曲龍寺車道入口，別致的經幡旗在風中飄揚迎客。

符號「卍」（藏語稱雍仲）。

　　離開古如甲寺，沿土石路再往裡開，大約十來公里之外便是曲龍村，也有專家主張曲龍村才是穹窿銀城所在。

　　村中有座小寺廟名叫「曲龍寺」，修建時間不詳，只知是由大譯師仁欽桑布（959～1055）主持修建，最早建在山上，後遷址到村中，目前

屬格魯派，只有三位僧人，大殿主供佛，文革被破壞，只剩一個小頭像。

　　或許來參觀的人太少了，僧人主動熱心介紹，任由我們拍照。

　　在寺外繞行佛塔和瑪尼堆，往附近山頭眺望，主張這裡是穹窿銀城所在的人認為遺址位置就在山上，從我們所站位置望過去，遠遠有車路往山裡走，我們興沖沖問師傅：「能再開進去一點看看嗎？」「再進去就會被抓去關啦！」師傅說他走過一次那條路，因為靠近邊境，前面就有個檢查哨。多吉也提醒我們：「照規定你們連這裡都不能來的，還是盡快回到正規路線吧！」

　　後記：曲龍寺的「曲龍」讀音和「穹窿」相近，參觀時我想到會不會是同一字，只是漢譯寫成不同字？回到臺灣查《藏漢大辭典》，結果，「龍」和「窿」是同一個藏字，「曲」查不到，但若去掉未發音的前加字，就和「穹」是同一個藏字。若這寺廟是仁欽桑布修建，他是10世紀的人，距今一千多年前就取了「穹窿」為寺名，那麼，曲龍村顯然比較有可能是穹窿銀城遺址吧！

寺旁三位婦女正在清洗酥油燈枴，右側這位是我看過膚色最黑的藏族女性。

曲龍寺雖小，經書卻很豐富。

穿越異次元世界

　　參訪了芝達布日、古如甲、曲龍三座寺廟後，原路回到門士，已經
下午 4 點多，至扎達還有 178 公里，不敢多停留，簡單用餐後立刻上路，
5 點抵達巴爾兵站，只有軍營，沒有住家，立牌標示著「左往扎達 117
公里，右往獅泉河 180 公里」。左轉後，路面由柏油變為土石路，開始
翻越隆嘎拉山（5160 公尺），過山口後山脈變成色彩斑斕，紅、灰、褐、
白層疊，為蒼茫大山增添了幾分嫵媚。

　　翻越一座又一座的山頭，山道一路上上下下。

　　7 點多抵「扎達土林國家地質公園」，偌大停車場只有我們一輛車，

往扎達半路的隆嘎拉山口，山脈色彩斑斕。

面對這鬼斧神工雕琢的土林，人人堆疊瑪尼石，留下虔誠的祈願。

五年前也是同樣月份來，人車喧嘩，不知今年是受尼泊爾大地震影響還是另有原因？

　　天空陰霾，沒陽光，土林看起來沒有我 2010 年初見時的壯觀。不過第一次來的三位隊友，看到這就已經非常讚歎，連呼不可思議。

　　我靜靜地感受灰白土林在灰暗寂靜中所展現的威嚴與力量，這大片連綿的扎達土林分布在海拔約 3750 到 4450 公尺，位於岡底斯山和喜馬

2010年來土林時，陽光燦爛，遊人如織。

拉雅山之間，氣勢恢宏，總面積二千多平方公里，是世界上面積最大、最典型的因地層風化而形成的土林。地質學家考證，一百多萬年前，扎達到普蘭之間是個方圓五百多公里的大湖，喜馬拉雅造山運動使湖盆升高，水位遞減，岩層地貌經雨水沖刷、風化剝蝕而形成千奇百怪、挺拔多姿的獨特地貌。

多吉指著遠方積雪的山脈對我說：「雪山那一邊便是 Dharamsala，

去過嗎？」

我點點頭，他沒再多說，我也沒再多問，彼此意在不言中。

Dharamsala（達蘭薩拉）位在印度西北方山區，背倚喜瑪拉雅山脈，距離新德里約十二小時車程。1959 年，十四世達賴喇嘛離開西藏流亡印度，獲印度總理尼赫魯允許在達蘭薩拉建立流亡政府。半個世紀以來，達蘭薩拉已成為雪域之外，最重要的西藏政治、文化、宗教中心，素有「小拉薩」之稱。

離開停車場，車子行駛在土林溝壑中，隨著公路在高低錯落、千姿百態的土林之間盤繞，兩旁土林有些可以清晰地看到一層層千萬年來湖水位的印跡，第一次來的其他三人看得張口結舌，除了讚歎還是讚歎，有的如佛菩薩造型，有的似鱗次櫛比的城堡，有的宛若各種動物……，陰沉天空下，眼前所見變得有點幻化，好像進入神話世界，又好像到了異次元的外星球空間。

土林車道下行到谷底，進入寬闊的象泉河谷，兩旁長滿沙棘樹，最終越過獅泉河進入扎達縣城。多吉去公安局外事辦備案，師傅帶我們去買菜及水果，準備明天下廚。

轉往古格王國遺址山下的扎不讓村「德吉家庭旅館」已 9 點多，夕陽暮色以豔麗姿影歡迎我們。

前往古格遺址山腳下的扎不讓村途中，夕陽以豔麗的姿影歡迎我們。

消失的古格王國

　　早上不到 8 點，喜歡攝影的格桑師傅站在庭院大喊：「快快，大家快上車，今天天氣很好，上古格拍照去！」

　　2010 年天還未亮就上古格等日出，還記得在寂靜黎明中，看著東邊天際泛白，漸漸地，暖紅色的光線映紅雲彩，似一團燃燒的火溫暖了冷色的大地，太陽出來時，首先照到山頂，金黃有如皇冠，然後晨光逐吋往下移，直到山腳，不一會工夫，整個古格遺址變成了一座金碧輝煌的城堡。

　　今日上到古格，太陽已經出來了，在藍天襯托下，融合晨曦柔和之

清晨陽光下，古格王國遺址融合了晨曦柔和之美與土林蒼涼之美。

美與土林蒼涼之美，古格依然令人驚豔。

　　返回家庭旅館吃過早餐，再上古格參觀，依規定聘請一位本地解說員，公定費用 50 元，解說員名叫白珍。

　　白珍手拿各殿鑰匙，邊介紹邊領我們往上走，首先看到的圓型碉堡是昔日哨站，古格王朝盛時有十多萬人，光這附近就住了兩、三萬人。

　　今日所說的「阿里」一詞是藏語音譯，意思是「屬地」、「領土」，在 7 世紀之前阿里叫「象雄」，有自己的文字及宗教，直到 9 世紀中葉，吐蕃王朝贊普的後裔來此，這塊區域臣服於贊普後裔的統轄後，才開始用「阿里」這個稱謂。

　　象雄王好色，松贊干布將妹妹嫁給象雄王，以就近監視象雄王是否有謀反行為。642 年，松贊干布親自率兵攻打象雄，統一了青藏高原，吐蕃王朝強盛一時，直到 9 世紀中期才衰敗。

　　吐蕃王國長期處於本土苯教與新傳入佛教兩股勢力的爭鬥之中，最後，苯教勢力再度占上風。841 年，支持苯教的末代贊普（國王）朗達瑪下令禁止佛教，關閉寺院，毀壞佛像、佛經，殺害僧人或強迫還俗，史稱「朗達瑪滅佛」，這是西藏佛教史上第二次滅佛運動，比第一次對佛教的打擊更為廣泛及嚴重。

　　朗達瑪被僧人拉貝吉多吉射死後，曾經輝煌強盛的吐蕃王朝分崩離析，雪域高原進入群雄割據的混亂局面，王室兩位王妃各擁一派貴族勢力爭奪繼承權，子孫混戰約半世紀後，二王妃一派的王孫吉德尼瑪袞戰敗，逃往未受戰亂影響的阿里，投靠布讓（今普蘭）土王札西贊，當時象雄十八王威震四方的風雲時代已經過去，身為象雄遺民的札西贊景仰吐蕃王族的高貴血統，便將女兒嫁給吉德尼瑪袞。吉德尼瑪袞到了晚年，將王國分成三塊，長子掌管日土（近喀什米爾），圍繞著班公湖；次子掌管普蘭，圍繞著雪山；小兒子掌管札達，圍繞著土林。之後形成拉達克王朝、普蘭王朝和古格王朝，合稱為「阿里三圍」或「阿里三部」。

　　吉德尼瑪袞將國土均分封給三個兒子，用意是想避免昔日自己兄弟之間的廝殺重演，沒想

圓型碉堡乃昔日哨站。

到，多年之後，長子的後代還是滅掉了小兒子建立的古格王朝。

　　古格王朝經過數百年的經營，發展經濟，弘揚佛法，人民安居樂業，締造了經濟、佛教和文化藝術的昌盛，16 世紀時達到鼎盛，勢力北抵新疆，南到印度，西到拉達克，東到岡底斯山，王都扎不讓商賈雲集，繁華熱鬧。

　　根據 1624 年前往古格傳教的天主教安東尼奧德神父記錄：「我們在扎不讓逗留期間，看到來自中國內地的二百多位商人，帶來了各種各樣的商品，包括生絲、陶瓷、茶葉等。」另一位神父也記錄：「喀什米爾和印度的商人把他們的服裝、珊瑚、琥珀賣到這裡。這裡有世界上最纖細、最珍貴的羊毛，許多外國人都冒著生命危險來此購買羊毛。」

　　很多資料記載 17 世紀時，西方傳教士從印度進入古格王朝傳教，獲得國王及王室成員的支持及信奉，是造成後來動亂和戰爭的導因，使得古格王國徹底毀滅。我問白珍看法，沒想到她回答：「那是謠傳。」

　　看到我一臉問號，她繼續解釋：

　　「西方傳教士是有到古格來，也努力想傳教，但古格國王並未允許，拉達克藉機在民間散布謠言，說國王改變信仰了，以致一些離王宮較遠的老百姓誤信謠言，對國王生起不滿。

　　位在山頂的王宮，四周都是陡峭懸崖，只有一條路可以上去，等下你們就會看到。拉達克軍隊沿著唯一上山的路，攻打到第三層時，受阻於易守難攻的暗道，戰事持續很久無法攻破，便強迫老百姓從山腰修建一座石頭碉樓，以繞過暗道，現在在半山腰還可看到殘存的石牆，有人以為是教堂遺跡，其實不是。

　　當時，古格國王看到手無寸鐵的子民日以繼夜從遠處搬來石塊，徒手修築碉樓，皮破血流，非常難過，為了解救百姓，自願投降。但拉達克並未遵守諾言，國王投降後，血洗古格，把王室貴族全殺了（另有一說，國王和王室被押回拉達克，監禁在監獄裡），建國將近八百年的古格王國就此滅亡。

　　拉達克統治古格全境，直到 1683 年在侵藏戰爭中失敗，經由協議，才將所占領的古格領土歸還給西藏地方政府管轄。」

　　白珍強調：「很多人會說『古格在一夕之間滅亡』，其實不對，正確的說法是現在已經無古格王室的後裔，但有平民古格人的後裔。」

　　「那扎不讓村民都是平民古格人的後裔嗎？有多少戶人家？」

　　「不全是，扎不讓村目前有三十多戶人家，但有不少是外地遷來的。」

此石牆即拉達克軍隊強迫古格老百姓修建，
想繞過暗道的石頭碉樓。

大石窟內的小石窟，剛好足夠一人安坐，
可能是僧人打坐處。

最早對這兒進行考察的是英國人，而西藏考察隊則於 1985 年開始，調查登記房屋遺跡四百四十五間，窯洞八百七十九孔，碉堡五十八座，暗道四條，還有各類佛塔、武器庫、大小糧倉、供佛洞窯等，而數量最多、最完整的是精美的壁畫。

遺址位在小土丘上，從山麓到山頂高三百多公尺，除幾間殿堂外，全部房舍都已坍塌，只剩下傾倒的土牆。最外圍有城牆，四角設有碉樓，底層住平民；往上第二層住一般僧人，洞內有火熏燒痕跡的是僧人住家，沒有火熏燒痕跡的是僧人打坐處，這層還有四座寺廟；再往上第三層，白色的是將軍和貴族住所，紅色的是高僧住所；山頂則是王宮區，要到王宮區必需經過一條暗道。

隨白珍從遺址圍牆大門進去，第一座小建築「卓瑪拉康（度母殿）」是僧人修行處，以前供白度母，文革時被破壞，現在改供綠度母，大殿因充當倉庫得以保留，但因紅衛兵住過，殿內都是柴火熏燒痕跡。

往上是「白殿」，白殿是最早興建的殿堂，保存著古格遺址最古老的壁畫，繪製年代大約在 15 或 16 世紀，風格源自 10 世紀的喀什米爾佛教藝術，白珍說除了這裡，西藏很少有早期喀什米爾藝術，特色是佛像瘦長身軀、細腰、細眼、細眉、櫻桃嘴及佛袍織錦花飾和豐富的色彩。

　　一進入殿堂，大門左右有兩尊約 5 公尺高的護法神塑像，都是體內填草的泥塑像，都沒有手臂。原本有二十二尊真人大小的佛像排列成牆，目前僅留存十尊，並毀壞嚴重。

　　白珍特別說明：目前所看到的每個殿內的天窗，原本是沒有的，因為殿內光線不足，考量使用手電筒照明會破壞壁畫，才從屋頂開鑿天窗，自然採光。

　　斑駁壁面上的壁畫歷經一千多年，色彩猶新，大家對此嘖嘖稱奇，白珍指出早年都是使用礦物顏料取色，因此才能鮮豔至今。

　　殿內有三十六根柱子，每根柱子都是從地面到屋頂，由四至六根像人一樣高的柱子銜接而成，銜接部位工細，不仔細看還以為只有一根。整個大殿從外往內看，柱子好像歪斜，其實是因為兩排柱子採 V 型往外排立，才會造成視覺誤差。

　　出了白殿，沿階梯往上走，第三座是紅殿，大門精美，門框雕刻著菩薩、經文、大象，都是先在尼泊爾雕好，割開成幾小塊，運來阿里後再合併而成。

　　殿內和白殿類似，有許多細柱子支撐著屋頂。壁畫觀音、綠度母、八臂白度母和文殊菩薩等，雖然由於人為破壞和滲水已經毀損嚴重，卻

紅殿大門口廊簷的木飾，依然可見昔日風華。

依然閃耀著光彩。東牆是八座別具風格的佛塔，代表佛陀一生八大事蹟。大殿後部原有三十五尊懺悔佛，少數尚存身體，手臂都已經不見了。

　　白珍指著門內右側壁畫叫我們仔細看，咦，怎麼有一小塊壁畫褪色了？原來那一小塊是 80 年代進行修復時用現代顏料補畫，不久便褪色，靠近補畫處的原始壁畫也受到影響，色澤變淡了，從此修復專家不敢再

進行任何補畫。

右壁一副壁畫是釋迦牟尼佛的忿怒相，衣服貼了金箔，眼睛閃著光芒，我第一次看到忿怒相，忍不住違背殿內不准拍照的規定，迅速偷拍了一張。

紅殿再往上是「大威德殿」，乃 15 世紀格魯派弟子為了紀念創派上師宗喀巴而建，主供大威德金剛（宗喀巴的護法神），原像已被破壞，改供琉金佛像。殿內壁畫主要用紅色和金色著色，基本上都是忿怒相，畫風受西藏內地風格影響。

講解到此結束，往上自行參觀，道別時，白珍提醒我們要注意安全，別太靠近崖邊，有些已經風化，隱藏坍陷危險。

在烈日下慢慢往上爬，想像穿越時空，體驗古格王國全盛時的風華。

走完第三層，暗道橫前，進入後發現靠峭壁一側挖有小洞採光，不需手電筒，途中看到往冬宮的指標，需沿著陡峭且風化嚴重的樓梯往下走，牆邊有繩索可供拉扶，為了保暖需要，冬宮房間向下深入十多公尺，外面就是懸崖。

抵達山頂，壇城殿和夏宮大門深鎖，2010 年來時可以進入夏宮，我記得內部空無一物，牆面龜裂，但懸樑和柱子的顏色依舊鮮亮，當時我

左邊第二尊佛像即釋迦牟尼佛忿怒相，衣服貼了金箔，眼睛閃著光芒。

還走到突出懸崖的陽台，坐在那兒欣賞象泉河谷，感慨繁榮王國的消逝。

　　如今再度站在山崖邊，憑高遠望，象泉河依舊緩緩流淌，不多的植被零落分散在河岸，遠方是層層疊疊的土林，腳下這 300 公尺高的山丘，有如一座孤島，三面都是斷崖絕壁，只有北面一條暗道上下相通，但即使是這樣易守難攻的險要地形，還有十萬民眾（今日阿里地區總人口還不到八

高高的拱門是貴族或高僧的房舍嗎？

一間間小隔間不知是武器庫還是儲存不同食物的糧倉？

從第三層要上到頂層王宮區只能經由此暗道。

萬），也無法逃過毀滅的命運。

照理說，戰爭帶來的屠殺應該不足以毀滅一個古文明，為什麼古格王國會煙消灰滅，成為一座廢墟？眼前的象泉河及四周環境，沙化嚴重，只剩下土林和沙丘，教人很難相信昔日這塊土地曾養活古格王國十萬民眾，大自然環境的變化，可能是古格消失的真正原因吧，再萬能的人類終究也敵不過大自然的殘酷！

從山頂原路下山，順著指示牌想去看「藏屍洞」，木牌寫著：「藏屍洞是古格王朝遺跡，位於北面六百多公尺的山溝裡，洞穴開鑿在離地表高 3 公尺的崖壁上，洞口僅寬 0.8 公尺，高 1.2 公尺，有三室，主室面積約 10 平方公尺，洞內堆滿了兩三層屍體，但沒有一具完整，更奇怪的是看不到一具頭骨。」

我們沿著山溝往山下走，邊走邊找，只要是斜坡上看似有洞穴，就費力爬上去一探究竟，結果山溝都走完了，接到回扎不讓的公路，仍然沒看到藏屍洞。

和 2010 年一樣，緣慳一面。

建在山頂殘存的夏宮。

夏宮內的懸樑和柱子，顏色依舊鮮亮。

象泉河從下方流淌而過，曾經孕育了古格文明，如今卻是如此寂寥。

飛翔空中永不墜落

位在扎達縣城西北角的托林寺,是阿里地區最重要的佛教寺廟,外觀看起來和一般寺廟沒多大分別,但內在卻擁有數不盡的曠世瑰寶——壁畫。

托林寺又名托定寺,寺名意思是「飛翔空中永不墜落」,早期屬寧瑪派,後為噶舉派,15 世紀又改宗格魯派。

996 年,由古格王國第一代國王的長子拉喇嘛意希沃按照桑耶寺的格局建造,做為西藏佛教後弘期譯經授徒的場所。

托林寺的建築布局分為殿堂、僧舍和塔林三部分。原有建築規模龐

托林寺外觀和
一般寺廟差不
多，卻是阿里
地區最重要的
寺廟。

樹影在風中搖
動，映照寺廟
外牆，靜靜陪
伴每一位轉瑪
尼輪的藏民。

大，包括三座大殿、十多座中小殿及僧舍、佛塔、塔牆等，極為壯觀，可惜在文革時受到破壞，目前尚存的只有三大殿和一座佛塔。第一回來時，因為有一批國外文物保護組織的工作人員正在協助寺方做各種修護，各殿暫不對外開放，這回，也只能參觀兩座殿堂，殿內同樣不准拍照。

托林寺最著名的是珍藏了「三寶」，一是阿底峽尊者從印度帶來的麋鹿角，據說來自昔日釋迦牟尼佛初轉法輪所在地「鹿野苑」；二是象牙做成的五佛冠（象徵五智如來的寶冠，上師修法傳法時佩戴在頭上），由托林寺第一任堪布佩戴，之後每任堪布主持佛事活動時都佩戴此冠；三是一塊黑色的大石頭，有一凹陷的腳印深入石內，掌紋清晰，據說是阿底峽尊者留下的腳印。

阿底峽尊者是何許人物呢？

阿底峽尊者於 982 年出生在古印度薩訶羅國（今孟加拉），父親是國王，全國上下都信奉佛法，他自幼聰慧異常，出生十八個月就會讀誦，六歲便精通算術字畫等世間學問，隨著年齡稍長他想效法佛陀捨棄王位，修法開悟，十一歲時離開王宮遊歷，遍訪高僧，正式出家，遍學顯密教法。由於他擁有無與倫比的功德，所以佛教各宗派都視他為尊者。當時印度寺院有個習俗，寺廟大門的鑰匙都由寺中博通顯密佛法、最受

泥塑四大天王安住門廊左右，守護著寺廟
與眾生。左為東方持國天王手持琵琶，一
來以弦樂器鬆緊要適中表行中道，二來以
音樂使眾生皈依佛教。右為西方廣目天王
手纏蛇，象徵世間多變，另一手拿寶珠，
象徵內心不變。

左為南方增長天王握寶劍，象徵慧劍斬煩
惱及以寶劍保護佛法。右為北方多聞天王，
又名施財天王，一手持寶幡，象徵保護內
心不受外境染汙；一手有臥鼠，代表護持
眾生財富。

尊崇的高僧掌握，而尊者一人就掌握了十八座寺院的鑰匙！

大約同時期，崇尚佛法的古格王朝，篤信佛教的大王子將王位讓給弟弟，自己出家修行，也就是拉喇嘛意希沃，他興建了托林寺，為了促進佛法發展，又選派仁欽桑布等二十一位優秀的年輕人前往印度學習顯密佛法，並計畫迎請印度高僧阿底峽大師進藏弘法。

當時習俗需以鉅額黃金才能迎請高僧，因此意希沃率兵攻打西北方的穆斯林國家噶洛，以索取黃金，不幸戰敗被俘，噶洛國王要古格王帶著和意希沃等重的黃金來贖，消息傳回古格，舉國震驚，人人盡己所能籌黃金，當意希沃姪子絳曲沃帶著全國人民捐獻的黃金前往營救，噶洛國王刁難黃金還差意希沃頭部的重量，絳曲沃前往獄中和意希沃相見，流淚請意希沃再忍耐一陣子，他回國繼續想辦法，意希沃睜大眼睛說：「不要再為我費心了，用那些黃金去印度迎請阿底峽尊者吧！」意希沃最終遭到殺害。

年近六十歲的阿底峽知道這事後，被意希沃對佛教的虔誠信仰及捨身求法的精神所感動，答應前往古格弘法，做了決定後，本尊及空行母告訴他：「若去古格，減壽二十！」但阿底峽毫無退意，坦然回答：「弘揚佛法，減壽何妨！」

　　當阿底峽翻越喜瑪拉雅山脈前往古格王國最大的托林寺，那時寺中已有一位重要大師，就是年近八十五歲的大譯師仁欽桑布，據說仁欽桑布原本不太信服比他小一輩的阿底峽，直到面對面交談，才心服口服以耄耋之身拜阿底峽為師，奉師命修建閉關房，閉關十二年，最後得到大成就，九十六歲時以虹光身飛往剎土。

　　除了駐錫於托林寺講經、傳法、灌頂、譯經，阿底峽也前往拉薩、日喀則地區弘法，前後共在西藏十二年，教導出許多著名弟子，他的思想學說後來形成噶當派，14 世紀的宗喀巴大師也以其學說為基礎創立了格魯派，成為西藏最大的教派。

　　1054 年，阿底峽七十三歲，於拉薩附近的聶塘過世，1076 年藏曆火龍年，由古格王贊助，在托林寺舉辦了紀念阿底峽尊者的大法會，史稱「火龍年大法會」，是西藏空前的大盛會，打開佛教復興之門，當時遠從藏東康區都有高僧前來參加，據說法會後受感召奔赴印度求法的僧人多達百餘人。

　　呵，光想像那盛況就令人熱血沸騰！

　　離開大殿區，靠近象泉河土崖邊，有二百多座大大小小的佛塔，南北兩邊並有塔牆，每道牆由一百零八座小佛塔組成，據說每座塔裡都有

仁欽桑布的一顆佛珠。

　　2010 年來時住宿扎達縣城，黃昏獨自前往塔林群轉經，夕陽餘暉照射下，佇立在河谷台地的寺廟群，一片柔和靜穆，透露著它曾經有過的輝煌，而土崖下的象泉河，在暮色中閃爍神祕光芒，與高聳的土林共同吟詠一千多年來托林寺的歷史更迭。

暮色中，象泉河閃爍著神祕光芒，與高聳的土林共同吟詠一千多年來托林寺的歷史更迭。

夕陽照在一百零八座小佛塔組成的塔牆，據說每座都有仁欽桑布的一顆佛珠。

東嘎皮央石窟

　　2015 年藏曆 4 月，因行程只走阿里南線，參觀完古格遺址和托林寺後，沿國道 219 返回拉薩。

　　2010 年 5 月，我們有兩車走阿里中北線，繼續北行，前往阿里首府獅泉河鎮，然後往東，穿越革吉縣、措勤縣，進入那曲地區的尼瑪縣、班戈縣，拜訪天湖納木措，最後返回拉薩。

　　真正深入阿里無人區的精彩行程，其實是從獅泉河往東走後，才正式展開。

　　遠近聞名的古格扎不讓遺址，位在扎達縣城西側 18 公里，事實上，

前往東嘎皮央石窟途中，經過「扎不拉山觀景台」，土林層層疊嶂，橫亙綿延，與藍天雪山
交織出壯闊的氣勢。

古格文化遺址還有很多處，已被發掘的有北面的香孜、香巴、東嘎、皮央遺址，西面的多香遺址，南面的達巴、瑪那遺址等，只是少為人知。

2010 年 5 月，參觀扎不讓遺址和托林寺後，轉往距離扎不讓約 40 公里的另兩個遺址——東嘎、皮央石窟，那時很少遊客前往，要參觀必須事先向扎達文化局申請。出發前，導遊和師傅提醒我們要有心理準備，因為那一帶正在修路，有可能路不通或臨時管制，就去不了。

運氣很好，一路上雖然飛沙走石，路況極差，有幾個路段還因坡陡，車子差點上不去，但最終還是順利抵達了。

東嘎皮央石窟 1992 年才被發現，是西藏迄今最大的佛教石窟遺址，壁畫題材主要有佛像、菩薩、佛經故事、說法圖等，還有各種裝飾圖案紋樣等，生動豐富。由於位在相鄰的東嘎村和皮央村附近土崖，因此直接命名「東嘎皮央石窟」。

我們先前往規模巨大的皮央石窟，石窟分布在前山和後山，第一眼看到那些成百上千如蜂窩掛在山體上的洞穴，相當震撼。當地人對洞窟的數量有個說法：「前山一千，後山一千。」實際調查統計的數字約一千座，但由於年代久遠，許多洞窟早已塌毀，無法計算，估計實際數量遠高於現存的一千。

　　在村中找到保管鑰匙的先生，由他帶路往上爬。整個山上遍布大大小小的山洞，看這陣勢，當年住在這兒的人口一定比現今皮央村多上好幾百倍。就近看山洞，深深淺淺，有的裡面還分兩間，可能是區隔客廳和臥室。有些山洞則被村民加裝鐵門做為個人儲藏室。

　　山頂有座只剩殘垣斷壁的紅牆建築，稱為「拉不讓孜」，意思是「山

遠遠便能看到皮央村和後山土崖上密密麻麻有如蜂巢的洞窟，紅牆建築即「拉不讓孜」，意指「山頂上的僧舍」。

頂上的僧舍」，有點像樓中樓建築，中間有階梯相通，三面臨崖，紅牆上布滿風雨剝蝕歲月流逝後的痕跡，極具滄桑感。管理先生打開另兩個小石窟讓我們參觀，窟內空間很小，壁畫內容有佛像、吉祥八寶圖、武士圖等，色彩仍很鮮亮。

據說後山還殘存宮殿、護法神殿及大量洞窟遺址，時間有限，我們未前往。

離開皮央，在荒涼中開約 2 公里，轉過幾個山崖，遠遠看到有片綿延山體崛起於地面，右側還有一排佛塔，東嘎石窟到了。據統計，現存洞穴將近兩百個，其中，保存得比皮央石窟好、繪有精美壁畫的幾個洞穴，集中在靠東面呈「U」形的山崖。南面台地上則有一片佛寺和塔林的廢址。

山腳空地立了塊木牌，寫著「東嘎石窟遺址」，旁邊有間小屋，一位年輕女孩出來招呼，她是石窟管理員兼解說員，手中拿著一串鑰匙，陪我們上山。

近看東嘎石窟所在的山體，下半部逶迤平緩，上半部陡然直立數十公尺，一般遊客能參觀的兩個石窟，就在平緩與直立交界處，必須沿著土石山徑爬上去，在海拔 4100 公尺高度爬坡，又頂著大太陽，只能一

步一步慢慢移動步伐。

　　走近發現兩個石窟不但上鎖，外面還加建很不協調的現代水泥牆，管理員邊開門邊提醒我們入內不能拍照。

　　一進入洞窟，每個人都「啊」了一聲，無法相信自己的眼睛，太神奇了，從窟頂到地面畫滿各式各樣不同題材的壁畫，令人目眩。窟頂由九重圖案組成，華麗而典雅，五鹿相環、八鳳相環、四龍相環、雙雞對立等生動的動物圖案與倒立、拋丸等各種姿勢的伎樂人像交織，具有濃厚的異國情調；四壁中心位置畫了藏傳佛教密宗壇城，象徵特殊的宇宙

有些石窟分樓上樓下，有些窟內又分兩間，可能是區隔客廳和臥室。

世界；最下面分格繪出釋迦牟尼佛從誕生到圓寂的一生故事。即使不是佛教徒，僅以藝術眼光來看，也會看得歎為觀止。

　　由於採用礦物顏料繪製，經歷千年，色彩依然豔麗，在洞窟內站久了，就好像被吸進一個多姿多彩的圖畫黑洞。

　　恍惚昏眩中，轉身和洞窟外明亮的陽光視線相接，有位隊友站在洞口拍照，一條哈達自窟頂垂掛而下，洞裡洞外是兩個世界，我們彷彿跨越時空和古格人交會。

村中小孩手拿著我們送的文具，
友善兼好奇地打量我們。

下山時，回看東嘎石窟，帶著巨大懾人的氣勢。

1.

離開東嘎皮央石窟，在土石路上持續顛簸了好幾小時，接回 219 國道，往前開了一會，柏油路變得既嶄新又平穩，原來是海拔 4271 公尺的昆莎機場（2010 年 5 月完工）要到了。

2.

我們從獅泉河鎮往北一日來回班公措，班公措海拔 4249 公尺，東西延伸 143 公里，是個「國際湖泊」，三分之二在西藏，三分之一在喀什米爾（印度電影《三個傻瓜》片尾湖景就是喀什米爾的班公措）。由於幾天前發生翻船意外，碼頭暫時封鎖，無法搭船前往湖中著名鳥島賞鳥。

無人區遇見黑頸鶴

　　阿里地區首府獅泉河鎮又名噶爾,距離拉薩1500公里,距離新疆葉城1100公里,是新藏公路最重要的補給站。昨天自班公措回到獅泉河鎮後,除了吃一頓豐富的晚餐,也洗了熱水澡,並大量採買乾糧、方便麵和礦泉水,做好進入阿里東三縣(屬藏北牧區)無人區的準備。

　　早上準備離開,吉普車增加為六輛同行,這是藏族師傅走阿里的習慣,因為進入藏北無人區,人煙稀少,路況極差,常要面對各種突發狀況,偕行可以互相支援,有道是「三個臭皮匠勝過一個諸葛亮」!

　　往東數十公里便進入革吉縣境,全縣平均海拔在4800公尺以上,

在人煙稀少的藏北無人區，隨時都會面臨突發狀況。

小河彎彎的沼澤地帶，羊群自在覓食。

面積 4.7 萬平方公里，比臺灣還大，但人口才一萬出頭，地廣人稀。縣內海拔 6000 公尺以上的山峰有十一座，5000 公尺以上的山峰有二十三座，看到這樣的資料，對生長在最高峰玉山還未過四千公尺海島的我們而言，有點難以想像，因為高原的相對高度，往四周望去，你感覺低矮的山丘，其實海拔都在四千多公尺以上。

革吉縣城是唯一稍見人煙集中的城鎮，但由於離獅泉河只有 110 公里，一般都選擇住宿獅泉河，在此停留的人很少。

革吉藏語意思是「美麗富饒的土地」，很多地段水草豐美，動物種類增多，除了最常見的犛牛和羊群外，一路不斷看到藏原羚、藏野驢，自在地徜徉在荒野中。

最幸運的是，昨天從班公措回獅泉河半路才看到兩隻黑頸鶴，今日又連續兩次看到成雙的黑頸鶴。

黑頸鶴別稱高原鶴、藏鶴，1876 年，俄國探險家第一次在青海湖邊發現，是全球發現得最晚的一種鶴類，也是全世界唯一的高原鶴類，牠們棲息繁殖的草甸沼澤地多在海拔 3500 至 5000 公尺的青藏高原，被藏民奉為「高原神鳥」。

根據調查，全世界許多國家已相繼絕跡，國際鳥類紅皮書和瀕危物

種公約都把黑頸鶴列為瀕危物種，中國則將牠列為一級保護動物，與大熊貓、金絲猴並列為中國三大國寶。

黑頸鶴是候鳥，每年 10 月中下旬至次年 3 月底，高原酷寒，會從阿里、那曲地區遷徙到青藏高原東南部、雲貴高原及中印、中巴邊境過冬，等到天氣回暖，再回到原生地進行繁殖和產卵。

遠遠望去，黑頸鶴全身灰白，頸、頰、尾羽呈黑色，那對好像穿著

黑頸鶴是全世界唯一的高原鶴類。

褐色高筒襪的長腳在濕地上走走停停，在廣濶的天地間，身影顯得特別高挑優雅。

　　兩天來遇到的黑頸鶴，都是成雙出現，這是因為牠們是一夫一妻制的鶴類。通常當雄鶴找到喜歡的雌鶴後，會在雌鶴身旁跳「求偶舞」，並引吭高歌，隆重地請求雌鶴正式成為終身的妻子。如果雌鶴願意，會應聲回唱，然後彼此翩翩起舞，返回草叢中，共築愛巢。

　　在離婚率高居不下的現代社會，人類夫妻要白頭偕老已成為童話，而黑頸鶴是最堅守一生相守承諾的動物，結縭後牠們就形影不離，無論走到哪裡都是成雙結對，萬一不幸伴侶死亡，另一隻也不願獨活，會在一旁哀鳴徘徊，殉情而亡；若子女還小，才會活著，獨自撫養，但終身不婚。

　　一隻雄黑頸鶴一生只會為一隻雌黑頸鶴跳一次求偶舞，一生只求一個伴侶，一生忠貞的捍衛著愛情，彷彿來到世間只為互相吟唱一首浪漫的情詩。

看隊友各不相同的
攝影姿態，不難明
白到處都是美景。

遇到叉路，全無路標，取左取右，完全靠師傅
經驗判斷。

在一片空曠處要安心「方便」，只能靠一條大方巾。

在荒原中足足開了一天，晚上 8 點，錯吶措（又名牛奶湖）現身，這表示今晚住宿的亞熱鎮快到了。

遠方地平線忽然揚起一股風塵，師傅說等下就會形成小型龍捲風。

白色財富

　　今天依然六車同行，浩浩蕩蕩自革吉縣的亞熱鎮出發，第一個目標是昂拉仁措，這裡行政劃分屬於日喀則市的仲巴縣，不過一點也感覺不出和阿里革吉縣的分界線在哪裡。

　　昂拉仁措位於岡底斯山北麓，海拔 4715 公尺，湖面呈不規則形，湖中有很多小島，由於湖的面積廣達五百多平方公里，車隊開到湖邊時，往前看是東方，逆光，湖面波光與天際雲層對峙，有點詭奇；往後看是西方，順光，湖水平如藍鏡，波紋不興，湖畔山脈也柔和肅穆。

　　不到半小時，又經過一個湖泊「仁青休布措」，原本藍天，到了湖

逆光看昂拉仁措，湖面波光
與天際雲層對峙，幾分詭奇。

順光看昂拉仁措，湖水平如
墨鏡，湖畔山脈柔和肅穆。

邊，雲層卻聚攏，湖面顯得深遠寧靜，一大群低著頭的羊兒在湖畔沙礫上覓食，那稀疏枯黃的草，讓人懷疑能吃飽嗎？

近中午時抵達著名的鹽湖所在地札布耶措，又叫札布耶茶卡，我們在緊鄰鹽湖旁的一間小店吃藏麵，邊吃麵還可邊從窗戶欣賞鹽湖。

札布耶茶卡是西藏西部重要的天然鹽湖，也是世界第三大鋰礦產地，海拔 4421 公尺，湖泊分為南湖和北湖兩部分，南湖固液並存，面積 150 平方公里，北湖為鹵水區，面積 100 平方公里。

以前藏北有所謂的馱鹽隊，在馱鹽各個階段，都會唱內容和曲調不相同的〈馱鹽歌〉，這些歌曲豐富了鹽人們的生活。

白鹽巴像雪花一樣飄，要把它裝進花口袋裡。
把北方的白鹽運南方，把南方的青稞馱北方。
倉房裡的青稞堆滿山，以報答父母的養育恩。
來亞爾潔白的馬牙鹽，換曲水的青稞整九倍。
如果繼續往南運，可交換白銀整九倍。
如果繼續往南運，可交換黃金整九倍。

深遠寧靜的仁青休布措。

札布耶措湖面浮泛一層白色，明亮如積雪，兩隻藏野驢漫步在湖畔。

　　越往南方鹽越值錢，從交換青稞整九倍到交換白銀整九倍到交換黃金整九倍，這鹽簡直可以稱為「白色財富」！

　　看著一望無際的鹽湖及湖邊曝曬的小山堆鹽巴，真正感受到鹽巴的重要，再喝下一口藏麵的湯，這麵會好吃，鹽巴是關鍵之一，但也要加得不多不少恰恰好，否則就會發生《百喻經》「愚人食鹽」的下場。

　　從前有一個愚笨的人，到別人家作客，主人招待他吃飯，菜中忘了放鹽，愚人覺得淡而無味，主人發現了，便加了一點鹽進去，愚人再吃，覺得菜變得美味可口，心想：「這菜變得好吃，是因為加鹽的關係，少少一點就這麼好吃，那滿滿一大口，豈不更好吃？」於是便只吃鹽，吃下一大口，結果苦澀難以下嚥。

　　佛陀說這個故事，是要譬喻這好比外道聽說節制飲食可以得道，便斷絕了飲食，或斷七天，或斷十五天，白白地忍受飢餓的痛苦，結果對修道毫無益處。就好像譬喻中的那個愚人一樣。

　　不只是修道要和吃鹽一樣，不多不少，不偏不倚，取其中道，才能得到好處。日常生活，為人處事，何嘗不是如此呢！

湖邊一堆堆如小山的
固態鹽，閃著白光。

把鹵水引入池中，靠著太陽及風蒸發水分，
使其濃縮，最後便能得到結晶的鹽粒。

邂逅藏學家

　　昨夜住宿海拔 4760 公尺的措勤縣城，措勤是藏語「大湖」的意思，因縣城東部二十多公里外的札日南木措而得名。這是阿里地區海拔最高的縣城，食宿條件比較差，但在物資缺乏的無人區，只要有遮風蔽雨的床睡；有熱騰騰的飯菜吃，就令人感到無比幸福與感恩。

　　其他四輛吉普車今天往南走，和我們分道揚鑣。往東出城後，意外遇到單獨一輛吉普車，載了西班牙籍遊客，師傅過來問我們行程，主動要求和我們結伴同行，後來證明他這是明智的決定，半途他的車輪胎破了——小事一件，換備胎就解決了；水箱也破了——這可是大事，修不

好無法往前開。結果，三位師傅研究了半天，最後是我們羅桑師傅給修好了。連水箱破都能修好，藏族師傅真是了不起。

離開縣城人煙，重新走進原始、遼闊的荒原，遠山綿延，天藍地黃山灰，色彩單調，約一小時後，在地平線和山峰之間，忽然跳出一條藍色絲帶，札日南木措到了。

札日南木措是一個大型鹹水湖，東西長 53.5 公里，南北寬 26 公里，湖水主要靠冰雪融化補給，湖面碧波蕩漾，岸邊據說有很多野生動物。

半途休息，所有人都下車伸展四肢，意外發現西班牙籍遊客中，有一位不僅會說普通話，還會說藏語，聊天後才知道他竟然是一位藏學家，而且還是專門研究苯教的專家，我接過他的名片，一面印西班牙文，一面印中文，他的中文名字是「貴隱崖」，名字下方有兩行字：一行是漢學家＆藏學家，一行是哲學博士，地址印了「四川甘孜藏族自治州甘孜縣貢隆鄉雍仲嶺寺」。

我念出聲：「貴－隱－崖－。」他打斷我：「不是貴，印錯了，是畢。」他拿回名片，立刻在空白處寫下畢的簡體字，並說明名片上的住址是他前幾年在四川研究苯教時住的寺廟。

在知道我們來自臺灣，我是藏傳佛教徒，又對西藏文化很有興趣

札日南木措宛如一條藍色絲帶,分隔開地平線和山峰。

後，畢隱崖抱怨長串給我聽：「最近這幾年中國太不像話了，以前我來藏地做研究，一個人自由走，去哪裡都行，現在每次都必須提出申請，有時不通過，有時通過了也會警告其中哪裡不能去，限制這麼多我是要如何做田野調查研究啊！」

所以，他這回乾脆不提出申請，直接和朋友用旅遊名義入藏，途中再安排去苯教的寺廟。

我告訴他中國不是只對他這樣，對臺灣人限制更多。他聽了連連搖頭嘆氣。

沿著橫長形的札日南木措南岸往東行，今日要到的當惹雍措屬那曲地區尼瑪縣，札日南木措屬阿里地區措勤縣，兩湖相距約七十公里，之間隔著廣潤草原和一座山頭，只要最後翻過山，就會到達當惹雍措。

行程說起來很簡單，實際走起來卻不簡單。

一路顛簸，看到的景致都差不多，只有一望無際的寂寥荒原，偶爾有幾處綠意，點綴一絲生機，雲朵飄浮在湛藍、清澈的天空，四周空曠，毫無對比物，久而久之，會模糊掉對空間對時間的感覺，宛如一切都停頓、凝固住了，興起開了幾小時還是在原地的錯覺。

因為前後左右太寬廣太空曠了，吉普車不易走固定路線，地面到

被大家稱為「畢博士」
的西班牙籍藏學家（站
立者），只要休息就會
「開講」。

休息時，三車師傅和西
班牙隊導遊坐在山丘
閒聊。重新上路後不
久，我們就迷失在眼前
這片寬廣空曠的寂寥
荒原中。

處都是車輪駛過的雜亂痕跡，只能靠師傅經驗和直覺判斷該如何走。不久，領頭車停下來，師傅下車和後兩車師傅快速用藏語交談，我們問：「怎麼啦？」師傅回答：「不太確定走得對不對。」「啊，迷路了?!」「不用擔心，往前開，應該會有牧民可以問路。」繼續上路，朝著東方開，過了一會，果然前方出現了帳篷、石砌羊舍和羊群，師傅下車向牧民問路，這才接回路跡稍微明顯的正路。

師傅向牧民問路時，兩人一唱一和，表情和動作煞是有趣。

那 曲 地 區

ནག་ཆུ།

地處西藏北部唐古拉山脈、念青唐古拉山脈和岡底
斯山脈之間，是長江、怒江、拉薩河等大江河的源
頭，因境內那曲河（怒江上游）而得名，位於可可
西里無人區南緣，通稱為藏北高原，湖泊星羅棋布，
人跡罕至，景觀原始壯麗，各種野生動物，在蒼茫
荒涼中展現頑強的生命力，可說是野生動物的天
堂。氣候嚴寒乾旱，含氧量只有海平面一半，是西
藏條件最惡劣的地區之一。

1
2

1.
迷路後接回正路，終於翻過山峰，一塊寶藍色的絲絨布自前方躍入眼簾。

2.
當惹雍措面積一千多平方公里，約在三百萬年前形成，是苯教的聖湖，達爾果山在聖湖東南側，山體暗褐，頂覆白雪，一列七峰，是苯教的神山。對苯教徒而言，二者的地位與岡仁波齊神山和瑪旁雍措聖湖相等。

1.

前後渺無人煙，中餐停在湖邊用汽化爐煮麵，附近兩位牧羊女跑過來，好奇地望著我們的一舉一動。

2.

從下午 3 點看到湖，沿著蜿蜒的西岸往北行駛，走走停停欣賞湖景，開了四小時才抵達文布南村，住進村長家，羅桑師傅在庭院集合村中小孩發放我們準備的鉛筆，沒想到也有大人來排隊。

3.

晚上 9 點多的暮色，這裡海拔 4600 多公尺，因地形封閉，氣候相對溫暖濕潤，小村子世代信奉苯教，是這片土地的守護者，而神山聖湖也賜予他們能種青稞、土豆和油菜的土地，這在平均海拔 4500 公尺的高原極為罕見，是天大奇蹟。

尋訪苯教古寺

　　畢博士說他看到資料:「當惹雍措湖畔有一座建在懸崖山洞中的玉本寺,是苯教最古老的寺廟之一。」研究苯教的他當然不能錯過。他力邀我同行,我很心動,昨晚抵文布南村後,詢問隊友有沒人想去?結果大家一聽到要騎摩托車一小時多,再步行兩小時多,紛紛搖頭。

　　也不知是行旅太多天大家有點累了倦了,還是當惹雍措的誘惑太大,還是村長家太舒適,原本今天行程是早上搭村民摩托車前往海拔4700公尺的古象雄遺址參觀,原路返回後開車離開,前往尼瑪鄉投宿。但隊員逐一表示連古象雄遺址都不想去,要留在村裡「玩」,還半開玩

笑說：派領隊當代表去就行了。

　　最後，只有畢博士和一位友人及他們的藏族女導遊，加我共四人，由於導遊沒去過寺廟，另找了位當地小伙子帶路。我們搭村民摩托車，抵達古象雄遺址後，決定先徒步前往寺廟，返程再參觀遺址。

　　原本我對苯教的印象停留在它是西藏最原始的宗教，偏向自然神靈

往古象雄遺址的路，平緩處可搭摩托車，遇到坡度太陡，摩托車爬不上去，或崎嶇危險地形，被載者就必須下車走路。

信仰，直到路上和畢博士聊，才發現自己的孤陋寡聞。

「有時會聽到雍仲苯教這個稱呼，它和苯教不一樣嗎？」

「不完全一樣。」畢博士解釋，苯教的苯（Bon）意思是「誦咒，祈禱，詠讚」，這些方式在原始苯教中非常重要，換句話說，以念誦各種咒文為主要儀式的西藏最古老的傳統宗教就叫做「原始苯教」，而「雍仲苯教」是辛饒米沃針對原始苯教加以改革，融入自己的主張，所創建的新宗教。雍仲即指「卍」這個符號，也有人稱它為「左旋萬字」，含有「永恆不變」、「金剛」、「善妙吉祥」的意思。

若要再細分，雍仲苯教又可分為兩種，一種是源自古老純正傳承的舊派苯教，一種是後期和印度佛教（主要是寧瑪派）互相影響，融合而成的新派苯教。

辛饒米沃創建雍仲苯教後，改變了很多原始苯教的儀式，例如殺生祭神，甚至用活人祭祀等劣習，改用糌粑捏成各種形式代替動物祭祀，這就是「朵瑪」的起源。如今，朵瑪被藏傳佛教徒用做供品，成為藏傳佛教的特色之一。

辛饒米沃被認為是象雄王國的王子，出生於沃摩隆仁，但關於沃摩隆仁的位置眾說紛紜；至於他出生於何時呢？也是說法不一。但可以確

山路有時靠近湖邊，
有時隔著山丘，忽遠
忽近。

這頭犛牛背襯清澄藍湖，如如不動彷彿入定了。

定的是：遠在印度佛教傳入西藏（8 世紀）之前，雍仲苯教就已在雪域高原廣泛傳播，成為象雄王國的國教，經文使用象雄文字書寫。

　　著名苯教文獻《瞻部州雪山之王岡底斯山志意樂梵音》曾記載，在象雄十八國時，「上之辛繞（苯教僧侶）們尊貴，下之國王們威武。在聖山岡底斯有十百零八位隱士，在山腰有十百零八個聚集地，山腳下有一千二百戶信民的村落」。這說明雍仲苯教在象雄王國的地位很高，直到 8 世紀吐蕃王國統一西藏，象雄被滅，雍仲苯教才隨著象雄王國的殞滅而沒落，僧侶四散。

　　往玉本寺的山徑大多緊貼湖岸，偶爾離湖遠些，途中有幾段要翻山，上上下下，還要越過山溪，雖然這裡海拔四千多公尺，但曝露在豔陽下，竟也走到流汗。

　　馬不停蹄走了兩個多小時，前面坡頂出現三座小佛塔，用小石塊堆砌而成，小巧可愛。爬上坡頂，下方幾棟房舍高低錯落，依傍凹谷壁崖而建，目的地到了。

　　一位僧人現身，引導我們沿狹窄小道前往緊挭山壁的主殿參觀，裡頭小小暗暗地，畢博士指著壇城佛像、古老法器及牆上壁畫不斷提問，僧人不會漢語，兩人快速對話，我的藏語水平太差，無法聽懂，告一段

落後，畢博士才用普通話對我簡單介紹法器、佛像和壁畫的特色，可我對苯教完全陌生，根本記不住，只記得他的結語：「哇，這些是我看到最珍貴的！這一趟太值得了！」

我問畢博士：「這間小寺廟說是最古老的苯教寺廟之一，那到底是多古老呢？」他和僧人交談了一下，表示依據《西藏苯教簡史》記載，玉本寺是苯教智者色尼噶戊（十三傳教大師之一）於西元1世紀前後在

以小石塊堆砌而成的小佛塔，小巧可愛。

當惹雍措湖畔創建的，後來，就成為苯教高僧修行密宗的重要道場。

　　繼續參觀了後山歷代大師修行洞後，已中午 1 點，僧人邀請我們到僧寮坐坐，走往蓋在湖邊山坡上的僧寮時，居高臨下看到下方有塊綠色農地，那是寺廟種蔬菜的地方。進了寮房，屋裡還有另四位僧人，盛情為我們倒酥油茶，又端出風乾牛肉和糌粑，我們知道這裡位處偏僻，出入補給不容易，趕緊各自取出乾糧，畢博士友人更取出僧人從沒見過從沒吃過的西式火腿，彼此共享。

　　返程在爬一段碎石陡坡時，我走在畢博士後面，仰看他背影，他的腳步緩而平穩，個子不高的他，在我看來卻宛

山谷裡玉本寺高低錯落，依傍壁崖而建，信仰的力量讓我肅然起敬。

僧人引導我們前往僧寮，四周景觀有如渡假勝地（反光板係利用太陽光燒開水的裝置）。

於僧寮主廳分享午餐，畢博士友人正拿出令人傻眼的西式火腿。

返程途中,當惹雍措的顏色
隨著角度及光影不斷變化,
難怪有人形容它既有羊湖
的瑰麗,又有納木措的大氣
磅礴,還兼具瑪旁雍措的聖
潔雍容。

眺望一層層如梯田的湖岸,
這是幾千萬年來湖面下降
的痕跡,湖岸線盡頭幾座獨
立突兀的山丘處,便是古象
雄遺址所在。

遺址布滿大大小小洞穴，有些已成為現代修行者閉關修行處。

如巨人，哲學、藏學和漢學，都是冷門學問，在藏地做田野調查，更是一條寂寥的路，他卻能甘之如飴，遠渡重洋而來。

我喜歡閱讀，有陣子對人類學家田野工作筆記的書非常著迷，它們以樸素卻生動的真實面貌吸引我，坐臥家中就可以會見人類的文明，和遙遠的田野村落接軌。望著畢博士的背影，我想他始終不懈在追尋的應該也和人類學家類似吧，在飄泊不定的生涯中，以異國異地異族的文明和文化做為「恆久」目標。

　　返程走約兩小時回到古象雄遺址，西藏史上最強盛的是吐蕃王國，在那之前，統治西藏的是有著輝煌文明的象雄王國，曾統一了十八國，建立起威震中亞的王國，鼎盛時，人口眾多，疆域遼闊。根據記載象雄地域分三部，裡象雄在岡底斯山以西三個月路程的波斯（今日伊朗一帶）到喀什米爾一帶；中象雄在岡底斯山西面一天路程，大約在今日西藏阿里地區和拉達克一帶，王國的都城穹窿銀城就在中象雄；外象雄則大約在今日藏北安多及藏東康區一帶。

　　從挖掘出土的古象雄文物來看，象雄文化比吐蕃第一代藏王聶赤贊普時代早約三百年。直到今日，藏族人的習俗和生活方式，處處都受到象雄文化的影響，例如轉山、祭拜神山聖湖、掛五彩經幡旗、刻石頭經文、疊瑪尼堆、卜卦等，都有苯教影子。另外，藏學研究者也主張今日西藏的文字來自改良古象雄文。

　　眼前這遺址，當初可能是因為這裡地勢封閉、易守難攻、氣候溫暖、農牧皆宜，才在此建城，如今卻成為修行人的修行聖地。

　　想起藏傳佛教徒嚮往追求的極樂淨土「香巴拉」，傳說在布達拉宮、扎什倫布寺、瑪旁雍措和當惹雍措，各有一個門可以進入，但都無具體位置說明。當下面對當惹雍措，環視四周，會是在哪裡呢？

　　返程回到文布南村，村內有座小寺廟屬於雍仲苯教，始建於 1650

苯教的八字真言「嗡瑪智密耶薩來都」，圖中右為正面，左為反面。

和畢博士走回村長家途中，遇到一群小孩，一點也不怕生，連我的太陽眼鏡都被借去玩。

年，文革時期也遭到破壞，幸而大殿壁畫保存還好，我隨畢博士前往，住持活佛不在，活佛女兒開鎖讓我們參觀，畢博士看到壁畫，如獲珍寶，誇讚個不停。

後記：回臺後在查苯教資料時，看到一份報導。一般談到西藏宗教，都只提寧瑪、噶舉、薩迦及格魯四大教派。但是，1988 年 10 月，在印度鹿野苑舉行之不分宗派轉世祖古和堪布的會議上，達賴喇嘛提出應加入西藏傳統苯教，他解釋：我們是否認為苯教是佛教的一個傳統並不要緊，自 11 世紀以來，苯教發展出和四大派別共享的足夠東西，足以讓我們將五者視為一個整體，都是「西藏宗教」。

晚上 7 點多，黃昏來臨，陽光漸隱，山和水相對無語，一片靜默。

藏羚羊悲歌

　　昨日因來回玉本寺花了一整天，於是在文布南村多住一晚，今早，和畢博士依依不捨說再見，他們要沿當惹雍措東側南下，前往另一個苯教寺廟。

　　我們離開文布南村往文布北村走，兩村相距約四十多公里，有意思的是，南村信奉苯教，北村信奉藏傳佛教；南村依偎著當惹雍措，北村則依偎著當窮措，當窮措藏語的意思就是「小的當惹雍措」。北村中的大寺廟「當窮寺」屬格魯派，因此，文布鄉政府也設在北村。

　　從文布北村離開人煙後，景觀又是一望無盡的荒原，氣韻淡薄悠

長，約開了 80 公里抵海拔 4600 公尺的尼瑪縣城。

　　經過尼瑪縣城十多公里後，道路左側出現一個非常大的藍色湖泊——達則措，海拔 4459 公尺，面積二百多平方公里，岸邊非常平坦，一般都說，達則措湖邊是觀看藏羚羊最佳的地方。我們這一路走來，還沒遇到藏羚羊，看到次數和數量最多的野羊全都是藏原羚（又稱黃羊），屁股有塊白色心型圖案，藏人暱稱為「白屁股」。奔跑時，白屁股在陽

文布北村正對著當窮措，村中的當窮寺占地廣大，屬格魯派。

光下閃閃發亮，好像一面鏡子，因此又被稱為「鏡面羊」。每次相遇，只要車靠近，牠們會迅速逃跑，到一定距離後再停下來回望，如果我們繼續靠近，牠們就會再度奔逃。

雖然藏原羚很可愛，但看多了，很想看看「高原上的精靈」藏羚羊，何時才會現身讓我們一親芳澤呢？才這麼想著，眼角瞄到湖邊有一隻頭上角很長的動物在移動，仔細一看，啊，那不就是公的藏羚羊嗎？

整個尼瑪縣位於那曲地區羌塘大草原核心地帶，緊挨著「可可西里」，平均海拔在 5000 公尺以上，而方圓 8.3 萬平方公里的可可西里，高寒缺氧，人跡罕至，自然災害頻繁，有「生命禁區」之稱，卻也是高原野生動物的樂園，尤其是藏北高原特有物種藏羚羊的天堂。

我第一次對「可可西里」有深切認識是 2004 年在北京看了電影《可可西里》，內容講 1993 年到 1996 年，青海可可西里志願巡山隊為保護、拯救藏羚羊，與盜獵者之間的生死戰，電影獲得 2004 年臺灣金馬獎最佳劇情獎和最佳攝影獎、第 17 屆東京國際電影節評審團大獎及中國導演協會年度最佳新導演，再度掀起世人對藏羚羊的關注。

上世紀初，藏羚羊還有百萬隻，到了 21 世紀初，卻只剩下不到十萬隻，只因牠的絨毛細到只有人髮的五分之一，輕柔又保暖，就遭到貪

婪人類的大屠殺。

藏羚羊絨毛做成的披肩稱為「羊絨之王」，又叫「皇帝披肩」，是歐美仕女最喜愛的精品，一條售價曾高達四萬美元，比同重量的黃金還貴，而做一條披肩需要三至五隻藏羚羊的絨毛，因此，藏羚羊遭到大量獵殺，最殘忍的是獵殺者專挑懷孕的母藏羚羊下手（因為懷孕跑得慢容易捉），一屍二命，藏羚羊無法繁衍，數量銳減。

中國早在 1988 年就將藏羚羊列為國家一級保護野生動物，但在暴利驅使下，藏羚羊仍以每年平均兩萬隻的數量銳減。直到近十年來，官方在西藏高原成立反盜獵隊，嚴厲查緝盜獵藏羚羊行為，加上全球環保意識高漲，才逐漸有功效。

「哇，快看，這邊更多隻！」同車隊友指著右窗外興奮大叫。

左側是獨自在湖畔漫步的藏羚羊，右側是一群在土礫草坡覓食的藏羚羊，今天真是幸運日，同時看到這麼多藏羚羊。我也在心中祈禱：願貪婪的人們生起慈悲心，讓藏羚羊的悲歌早日劃下終止符！

位於尼瑪縣、班戈縣交界處的色林措，原是西藏第二大湖，屬於以保護黑頸鶴繁殖生態為主的「申扎濕地自然保護區」，海拔 4530 公尺，最深處超過 33 公尺。根據考證，湖的面積曾廣達 1 萬平方公里，由於

氣候變化，湖面逐漸退縮，分離出班戈措、格仁措、吳如措、恰規措、孜桂措、越恰措等二十多個衛星小湖環繞四周，形成一個內陸湖泊群。

　　傳說以前在拉薩西面的堆龍德慶住著一個大魔鬼，每天吞噬許多生靈，人們束手無策，蓮花生大師知道後，前往降魔除妖，魔鬼不敵，往北逃，蓮師緊追不捨，魔鬼逃到這裡，跳進浩瀚的湖裡躲藏，蓮師命令魔鬼在湖中虔誠懺悔，永遠不能離開，所以這湖還有一個名稱，叫「色林魔鬼湖」。

　　我們約 5 點多抵色林措，近 10 點才到班戈縣城（距文布南村約 600 公里），中間陸續經過了五、六個大小不等的湖泊，但這些天，每天看

一群公藏羚羊在道路右側的土礫草坡覓食。

措，大家已經有點「審美疲勞」了，所以當導遊說：「前面又有措了。」
隊友都只是抬頭看一眼，再提不起勁喊：「停車！師傅我們要拍照！」
果然應了第一天導遊和師傅說的：「今天看到湖，還會笑還會跳，等過
幾天，你們就笑不出來了。」

經 2014 年測量後，色林措從西藏第二大湖躍升為第一大湖。

有些路段無橋須涉河，羅桑師傅先開道，再指揮後車安全過河。

　　資料記載，西藏湖泊總面積超過 2.4 萬平方公里，大部分都在藏北高原，其中，超過 5 平方公里的湖泊有三百零七個，而我們才看了不到二十個就「揹疲勞」了，人類的審美能耐真是可悲！

晚上 9 點半，我們還在荒原中趕路，夕陽穿透雲層，以地平線為舞台，璀璨演出金色燈光秀。

天湖納木措

　　2010 年和 2015 年兩次阿里行的壓軸戲都是納木措（藏語意為天湖），這座聖湖，海拔 4718 公尺，是世界上海拔最高的大湖。我在不同季節共來過七趟，每回都有不同的驚豔，最震撼最難忘的是下雪的冬季和結冰湖面開始融化的春季，那絕美景致，找不到言語可以形容。

　　納木措與羊卓雍措、瑪旁雍措並稱為西藏三大聖湖，原本是西藏最大的湖，但最近十年來，色林措的水位一直在上升，隨之湖面也擴大，2014 年測量，色林措面積已達 2391 平方公里，比納木措多 369 平方公里。

　　與納木措珠聯璧合的是矗立在南岸的念青唐古拉山，二者是藏人最

納木措冬季湖面結冰，入春後冰層迸裂，開始融化，水鳥盤旋翱翔。

崇拜的神山聖湖。傳說納木措是帝釋天之女，所以叫「天湖」，也是念青唐古拉山的妻子。

　　札西半島位在納木措東南端，向北延伸到湖中，是納木措最大的半島，主要聖跡也都集中在這裡，半島由石灰岩構成，面積約 10 平方公里，由於島上曾長期受湖水侵蝕，因此，奇形怪狀、鬼斧神工的天然岩洞、石柱和石峰林立，形成獨特的喀斯特地貌，增添了納木措的魅力。

　　清晨我們登上半島中央百來公尺高的小山丘，懸掛風馬旗祈福。

　　馬年轉神山，羊年轉聖湖，是藏民千百年來的傳統，2015 年是羊年，納木措湖的本命年，傳說，每到羊年，諸佛、菩薩、護法都會齊聚納木措舉行盛大法會，信眾此時前來朝聖，轉湖念經一次勝過平日十萬次，功德無量。因此每到羊年信眾都會絡繹不絕前來轉湖，但因轉湖一圈需二十至三十天，許多藏民改轉札西半島代替，轉七圈等同轉湖一圈。

　　從山丘下來，先參觀山丘下方岩壁間比鄰而立的幾間修行洞和小寺院，看到念青唐古拉山神和納木措女神的塑像，念青唐古拉騎著馬，頭戴盔甲，右手舉馬鞭，左手拿念珠；納木措騎著飛龍，右手持龍頭禪杖，左手拿佛鏡。有關他們的故事和傳說一大籮筐。

　　接著，手持佛珠，攝心持咒，祈願發心後，就可以上路了。

從小山丘俯瞰天湖納木措，遠方為念青唐古拉山。

轉湖正式起點是佛教徒稱為「守門忿怒父母神」的天然石像，這是兩塊巨大的溶蝕石，俗稱「迎賓石」，也有人稱「夫妻石」，宛如納木措門神。石塊上無數的哈達都是藏民為祈福而丟上去的。

岩壁間隱藏著無數修行洞及
小寺廟。

札西寺是這一帶最大的寺廟，
有十三位僧人，蓮師修行洞
就位在寺內。

穿白上衣的藏民正要鑽「善惡洞」，無關胖
瘦，只要惡事作多就會卡住，唯有心地善良
者才鑽得過去。

藏民指導我將身體卡入如人形的凹洞，哪個
部位不舒服就貼住石頭磨，據説此石有治病
功效，很靈驗。

湖畔悠閒覓草的犛牛，或許因長期受神山聖
湖熏陶，很多長得像「神牛」。

看到很多這種鳥，原以為是過冬時會飛越喜
瑪拉雅山、號稱世界上飛得最高的「斑頭
雁」，返臺後，擅賞鳥的友人說這是「鴻雁」。

合掌石,又稱父母石,相傳是父親念青唐
古拉山和母親納木措的化身;也有傳說是
蓮花生大師在此修行時,合掌祈福的顯
像。逆光拍攝,宛如巨人手掌。

轉湖最後一個聖跡是噶瑪巴二世的腳印(途中其
實還有空行母修行洞、藥師修行洞、噶舉洞、財
神洞、文殊洞及自成的各種佛像聖跡,因篇幅有
限省略)。

順時針繞札西半島一圈後回到起點，迴向後，若時間充裕，可以繼續在湖畔轉瑪尼輪；或只
是靜靜坐著，讓天湖的湛藍與遼闊洗淨心靈。

轉湖藏民寫真

　　轉札西半島的藏民絡繹不絕，或走路，或大禮拜，或結伴，或獨行。何謂「轉」？簡單定義就是：「在專心一意的持咒祈禱中，繞著神聖之地順時針走一圈。」轉的對象不只神山、聖湖，還有寺廟、瑪尼堆、佛塔等，在轉的過程中，能帶來身心靈的淨化，能將平日自大的自我最小化，甚至將之消融於無所緣取的空性中。

闊別十年，再見扎桑喇嘛

代後記

　　位於拉薩市墨竹工卡縣雪絨河畔斷崖上的直貢梯寺，是直貢噶舉派的中心寺院，有全藏區最著名的天葬台，1179 年創建，最盛時，沿著雪絨河，一座連一座的寺院多達三十座，目前僅存數座。

　　2005 年 5 月和 6 月我獨行大藏區時，在直貢梯寺初識扎桑喇嘛，一開始還被他臉上的疤痕、鬥雞眼和兩道粗黑濃眉嚇到，相處後才知他面惡心善。同年 9 月起我在拉薩遊學十個月，曾上山觀賞金剛舞，隔年又帶著我的書《聽見西藏》上山送他，那兩次都還見到他，之後年年入藏，有幾次帶朋友參觀直貢梯寺，卻都巧逢他回俗家幫忙農事，再沒見過他。

　　這回排了參觀直貢梯寺，驅車上山途中，我有點擔心他又回俗家幫忙農事了，多吉回答，除非他還俗，不然一定在，因為這幾年當局對寺廟規定很嚴，僧人不能隨便離開寺廟。

　　抵達直貢梯寺，大殿前廣場正好在跳金剛舞，隊友興奮觀賞，我向

扎桑喇嘛的僧寮位於大殿廣場下側凸崖邊，山谷中雪絨河流淌而過。

多吉說一聲後，便逕自往大殿廣場下側小路走，扎桑喇嘛的僧寮位在凸崖邊，隨著靠近他的小屋，我心情有幾分緊張，將近十年不見也未聯絡，這還是他的僧寮嗎？他還在修行嗎？他還認得我嗎？

走到簡陋小僧寮，木門虛掩著，我用藏語輕喊：「扎桑姑秀喇，扎桑姑秀喇在嗎？」（姑秀喇是拉薩地區對出家僧的尊稱）

門開了，一個年輕女孩探頭出來，交談才知是扎桑喇嘛哥哥的女兒，來探望叔叔，她普通話說得很好。

進到裡屋，見到扎桑姑秀喇，彼此都笑得非常開心，互相問好後，我半開玩笑問：「還記得我嗎？我是袞秋拉嫫。」他用力點點頭，轉身從角落一堆書裡找出我那本《聽見西藏》，翻到寫〈扎桑喇嘛〉那篇。

他笑吟吟看著我，然後說：「你變老了。」我在心裡回答：「你也是變老了。」嘴上說：「當然變老了，都十年過去了，今年我六十歲了呢。」扎桑姪女插話：「阿姨，你有六十歲喔，看不出來吔！」

扎桑姪女為我倒了杯水，我環視窄小的僧房，雖然隔成兩小間，也還是和十年前一樣，只有一句話形容：家徒四壁。視線轉回到扎桑喇嘛，他臉上那抹淡淡的、知足的笑容，讓我想起第一次見面他煮午餐，一碗麵條加一小盤他自己醃的醬菜，吃時他臉上就是帶著同樣淡淡的、知足的笑容。

一個人的內心若能像一面空蕩蕩的牆壁，連根釘子也沒有，那欲望又如何能把東西掛上去呢？知足常樂，不執著擁有，也就不會為了想得到更多而到處攀緣。

我問扎桑喇嘛：「還是過午不食嗎？」他點點頭。初見面那天，要請他去寺廟附設的餐廳用晚餐時，才知他過午不食，平常吃得很簡單，也不吃肉。當晚聊天發現滿臉風霜看似蒼老的他才三十三歲，家境貧窮，他很孝順，每當俗家農忙時期，都會向寺廟請假回去幫忙，雖然生活困苦，但他求道修行的心卻很堅定。

彼此又聊了身體健康、家人，還有近況等，我試探性的問這幾年是不是寺廟管理嚴格，不能請假回家了？他點頭，所以他已經好久沒回老家了，不過兄姊的小孩都大了，會不時過來探望他。

扎桑喇嘛和姪女坐在小板凳上，把木板床讓給我坐，這床看來還是十年前我睡過的那張，那時扎桑喇嘛堅持把床讓給我，他睡外廳地上，棉被套還是他那天下午特地為我洗的，帶著酥暖的陽光味，我永遠記得那晚我和他用普通話加藏語加英語加比手劃腳，聊了兩個多小時，互道晚安後，他在外屋，我在裡屋，各自誦經持咒做晚課，在海拔四千多公尺寒冷的山上，我深刻又溫暖地感受到佛法信仰的力量。

怕耽擱隊友時間，聊了一會後告辭，我拿出哈達和供養金，誠摯地獻給扎桑喇嘛，他客氣推辭，我堅持他才收下。彼此重新留了聯絡電話並合照，扎桑喇嘛並為我掛上哈達，祝我一路平安一生健康。

走回大殿廣場途中，幾次回望扎桑喇嘛僧房，再見了，扎桑喇嘛，下次不知何年何月才能再見面，人與人之間的緣起緣滅真是無常。

回想 2005 年獨行大藏區，到今年 2015 年，這十年來，年年進藏，看到西藏不斷在改變，又有哪一樣不是無常呢！

諸行無常，但也因無常而有無限的可能性，想想自己，2006 年出版了人生第一本書《聽見西藏——在雪域中遇見自己》，之後努力堅守著小小的發願：「餘生以一支拙筆為西藏、為藏民、為佛法盡心力！」這十年來的生命歷程也因此而無比精彩豐富。

言語道不盡，我只想說：「佛法澤被，因緣不可思議！」

———— 本書版稅護持喜瑪拉雅山區菩提昌盛寺小喇嘛 ————

2005 年 6 月攝於直貢梯寺後山天葬台旁山坡，那年我虛歲五十，甫接觸藏傳佛法，如初生之犢，意氣風發。

2015 年 6 月，我特地穿了十年前同一件上衣，和扎桑喇嘛合影於僧寮前。歲月流逝，我們都變老了，但我相信彼此對佛法的信念愈來愈強，走在修持道上的腳步日益年輕，勇往直前！

謝謝您們，札西德勒

附錄

　　旅途中，總會和無數藏民相遇，大多數都不知道名字，但是，我會永遠記得您們純真的笑容和清澈的眼神。

　　謝謝您們，讓我感受到單純而豐富的生活與虔誠信仰的強大力量；引導我對幸福有了新定義；明白再苦難再貧困，依然要懂得珍惜與感恩。

　　札西德勒！

人生DIY 11

天地西藏—孤寂阿里
The Sacred Nature of Tibet: Ngari in Solitude

著者	邱常梵
出版	法鼓文化
總監	釋果賢
總編輯	陳重光
編輯	李金瑛
美術設計	賴佳韋工作室
地址	臺北市北投區公館路186號5樓
電話	(02)2893-4646
傳真	(02)2896-0731
網址	http://www.ddc.com.tw
E-mail	market@ddc.com.tw
讀者服務專線	(02)2896-1600
初版一刷	2016年7月
建議售價	新臺幣550元
郵撥帳號	50013371
戶名	財團法人法鼓山文教基金會—法鼓文化
北美經銷處	紐約東初禪寺
	Chan Meditation Center(New York, USA)
	Tel:(718)592-6593 Fax:(718)592-0717

法鼓文化

國家圖書館出版品預行編目資料

天地西藏：孤寂阿里 / 邱常梵著. -- 初版. --
  臺北市：法鼓文化, 2016.07
    面 ； 公分
    ISBN 978-957-598-717-6（平裝）

  1.遊記 2.西藏自治區

676.669   105009708